JN272398

日本語文法の論点43

「日本語らしさ」のナゾが氷解する

近藤安月子＋姫野伴子 編著
Kondoh Atsuko　Himeno Tomoko

研究社

はしがき

　母語話者は、日常的な母語のやり取りにおいて、さまざまな可能性の中からなぜ迷うことなくある言語形式を選択したのかを意識することはありません。たとえ不注意などによる言い間違いがときにあるとしても、母語話者は通常、与えられた言語使用の場面における最も適切で自然な発話を選択しています。私たち日本語母語話者も、一つ一つの場面に即した自分自身の表現の選択が何を基準にしたものか、発話の自然さが何によるものかといったことを意識することはほとんどありません。ただし、そのようなことに意識が向けられないというわけではありません。例えば、私たちは、日本語学習者の産出する日本語に触れたり、自分自身が外国語を学習したりする経験を通して、母語への感受性を高めることがあります。

　本書の執筆者4名は、長年、外国語としてあるいは第二言語としての日本語教育に携わってきました。日本語教育の実践を通して、自身の母語使用を振り返り、日本語を再考することも少なくありません。本書は、そのような経験をもとに、執筆者4名がそれぞれ、日本語あるいは日本語の文法について改めて考察したことをまとめたものです。

　本書は、執筆者が各自の関心に応じて持ちよった日本語文法の論点を43取り上げ、それらをできる限り系統立てて、読者の皆様にわかりやすくお読みいただけるように工夫しました。本書の43の論述は、日本語母語話者の出来事の捉え方に共通する、ある特徴を前提としています。近年の日本語学や日本語教育の研究では、日本語と学習者の言語とを対照させて、日本語をできる限り客観的に捉えようとする傾向があります。本書もまたそのような立場に立ちました。近年の認知言語学で、日本語母語話者は、英語などの言語の母語話者に比べると、自分自身を出来事の中心において、より主観的に把握する傾向があるということが指摘されています。本書はこの観点から、私たちが無意識に使っている現代日本語の43の論点について見直すことを試みま

した。日本語母語話者によるものごとの把握の原点としての〈私〉という考え方を基本に論が展開します。43の論点は相互に関連しあっています。

　本書は、これから日本語学を専門的に学ぼうとする方、現在日本語教育に携わっている方だけでなく、専門は異なっても日本語に関心をお持ちの方、また教養として日本語学に触れてみたい方など、幅広い読者を対象としています。大学院や学部の日本語学、日本語教育の参考書としてもお使いいただけると思います。

　なお、執筆に際しては、日本語学、言語学などの多くの先行研究、学説を参考にさせていただきました。本書がさまざまなご関心を持つ読者に「日本語らしさ」を支える概念について考えていただくための参考書であることを考慮し、先行研究や用語の出典などについて詳述しておりません。これまで日本語学の発展に尽くしてこられ、本書で参考にさせていただいた関係各位に心より感謝申し上げます。なお、本書執筆の際に参考にした先行研究は巻末の参考文献に書名を記してあります。

　最後に、本書の執筆にあたっては、研究社編集部の佐藤陽二さんに大変にお世話になりました。この場を借りて厚くお礼申し上げます。

　本書が、読者の方々に、「日本語らしさ」ということについて改めて考えるきっかけとなれば、幸いです。

2012年1月

編著者一同

【凡　例】

＊	非文、文法性に問題がある文
?	非文とは言えないが、容認度が低く、不自然に感じられる文
??	? より容認度がさらに低く感じられる文
＃	与えられた文脈で不適切な文
Ø	ゼロ（「無助詞」）
[　]	会話の状況設定
A,B,C	会話参加者
文末の？	聞き手への問いかけ
（　）	任意の要素

目 次

第1章 発話の原点 1

第1課　私（原点）　2
第2課　私（体験者）　7
第3課　「そ」　12
第4課　「あ」　17

第2章 空間・時間の把握 23

第5課　「に」　24
第6課　「で」　29
第7課　物理的移動　34
第8課　体験者の移動　39
第9課　働きかけ・受影的移動　43
第10課　変化　48
第11課　ものの授受　53
第12課　恩恵の授受　57
第13課　「てしまう」　62
第14課　「もう／まだ」　67
第15課　「したところだ／したばかりだ」　72

第3章 現場性 77

第16課　迷惑受け身　78
第17課　可能　83
第18課　「見える／聞こえる」　88
第19課　「する／なる」　93
第20課　無助詞　98
第21課　事態まるごと　103

第 4 章 ｜ 情報構造　109

第 22 課　「まで」　110
第 23 課　「だけ」　115
第 24 課　「ばかり」　120
第 25 課　「のだ」　125
第 26 課　「わけだ」　130
第 27 課　前提・焦点・省略　135

第 5 章 ｜ 事態への態度　141

第 28 課　「でしょう」　142
第 29 課　「かもしれない」　147
第 30 課　「と思う」　152
第 31 課　「ものだ／ことだ」　157
第 32 課　「ほうがいい」　162
第 33 課　「つもりだ」　167
第 34 課　「ように」　172
第 35 課　「しよう」　177

第 6 章 ｜ 聞き手への態度　183

第 36 課　「てくれませんか／もらえませんか」　184
第 37 課　「てください」　189
第 38 課　「ませんか」　194
第 39 課　「ましょう (か)」　199
第 40 課　「あなた」　204
第 41 課　謙譲語　209
第 42 課　文体　214
第 43 課　「よ／ね」　219

参考文献一覧　225
執筆担当課一覧　233
索引　234

第1章
発話の原点

第1課　私（原点）
第2課　私（体験者）
第3課　「そ」
第4課　「あ」

第1課 ｜ 私（原点）

1. これまで

　日本語教育初級の場面設定の典型に自己紹介場面があり、(1)が提示されることが多い。しかし、日本語母語話者には、(1)より(2)のほうがより自然に聞こえるはずである。

　（1）　はじめまして。私は林です。どうぞよろしく。
　（2）　はじめまして。林です。どうぞよろしく。

　(1)と(2)の違いは「Xは」の有無にあり、これまでの分析は、文の題目構造を基にした助詞「は」の機能に焦点を当てたものが主流である。以下、「は」をハと表記する。ハには、話題を話題の場（話し言葉でも書き言葉でも）に提示する、いわゆる提題機能（主題提示機能）があり、(1)の「私ハ林です」は「有題文」である。
　また、ハには、(1)のように主題を提示する機能と、(3)(4)のように2つ以上のモノ・コトを対比する機能がある。

　（3）　太郎ハ中学生だが、次郎ハまだ小学生だ
　（4）　彼はその本を見ハしたが、読みハしなかった。

　また、談話のレベルでは、ハは助詞「が」（以下、ガと表記）と比較して分析されることが多い。例えば情報の既知・未知による分析によると、(5)は、ハが旧（既知）情報を、ガが新（未知）情報を指し示すと説明される。

　（5）　むかしあるところに、おじいさんとおばあさんがいました。ある日おじいさんハ山へ柴刈に、おばあさんハ川へ洗濯に行きました。

　情報の伝達上、旧情報は重複した情報であり、任意の要素である。(2)の「林です」については、会話の場の構成要素である話し手が旧情報であるため「私は」は省略できるとする。これを有題文の「略題」と呼ぶことがある。
　このように、(1)と(2)の違いをめぐっては、文の題目構造と談話の情報構造に基づく分析が多い。

2. しかし

　(2) が (1) の「私ハ」の省略であるなら、「私ハ」を入れると (1) に復元できるはずである。しかし、復元して「私ハ」を明示すると、単に主題の提示ではなく、もともと (2) にはなかった対比の意味が生じてしまう。また、話し手と聞き手の1対1のコミュニケーション場面で、(1) のように話し手が自身を主題として聞き手に提示し叙述することが不自然であることは想像に難くない。

　日本語学習者の発話の不自然さの要因の1つとして、(1) の「私ハ」のような旧情報の過多があるが、これを省略の未習と解釈してよいか。(2) は (1) の「私ハ」の省略されたものだろうか。

3. 実は

● 3–1　事態把握

　話し手は、何かを言語化するとき、発話に先立って言語化の対象となるコトガラを認知する。ここで、言語化の対象となりうるコトガラを〈事態〉と呼ぶ。話し手は事態のすべてを言語化の対象とすることはできないため、事態を外側から眺めて描写したり、事態の現場にいて臨場的に描写したりして、どのように捉えるか、何を捉えるかなど、捉え方を選択する。話し手の事態への関わり方、事態の認識のし方、捉え方を〈事態把握〉と呼ぶ。

　同じ事態でも、話し手の事態把握によって異なる描写がなされうる。電車で居眠りして、気づくと終着駅で自分だけが取り残されている状況での話し手の内言として (6) と (7) を比較する。

　　(6)　あ、私以外誰もいない。
　　(7)　あ、誰もいない。

　(6) の話し手の事態把握は、事態の外から事態を観察する話し手が事態の中の自身の分身を見るような構図で、話し手は、事態を客体化し、言語化の対象とする。これを〈客観的把握〉と呼ぶ。客観的把握では話し手自身が言語化の対象となりうるため、(6) には話し手を指示する「私」が現れる。

　他方、(7) の話し手の事態把握には、事態の外から事態を観察する話し手は存在せず、話し手は発話現場に身を置き、そこで自身が感覚的・知覚的に捉えたことを言語化するもので、体験の場である発話の場〈イマ・ココ〉に密

着した視点から事態を直接体験として捉える。これを〈主観的把握〉と呼ぶ。
　また、観察者としての話し手に、事態がどのように知覚されるか、どのように経験されるかなどを話し手にとっての〈見え〉と呼ぶ。見えは、単に視覚などの五感で捉えられるものだけでなく、話し手の脳裏に浮かんだイメージなども含みうる。

● 3-2　言語による事態把握の傾き

　言語によって母語話者に〈好まれる言い回し〉というものがある。それは、どの言語の話者も客観的把握と主観的把握のいずれも可能であるが、その好む事態把握に傾きがあるからである。事態の外から観察する「私」が事態の中にいるもう1人の「私」を言語化の対象とするような把握を好む話者には、客観的把握の傾向があり、英語母語話者がその典型であると言われる。これに対して、日本語母語話者には、主観的把握の傾向があり、事態を描写する際、自らを事態の中に置き、発話の現場に密着した視点をとりやすい。

● 3-3　原点としての「私」

　イマ・ココの主観的把握を好む日本語母語話者には、事態の中にいて自身の周りを感覚や知覚で捉え、目や耳で知覚できるもの、認識できるものを言語化し、知覚できないものは言語化の対象としない傾向がある。通常、我々の視界には、自分自身は入り込まない。自分の体の一部、例えば手足などが見えていることはあるが、たとえ見えていても、通常はそれらを認識することはなく、言語化の対象にはならない。主観的把握の傾向のある日本語母語話者には、「私」は事態を観察し把握する原点であり、認識の対象にならない。「私」は見えないのである。

　先述の例（2）は自己紹介場面で、日本語母語話者は、発話の現場に身を置き、イマ・ココに密着して事態を主観的に把握する。観察の原点としての話し手（「私」）にとって、聞き手を含む発話の場のさまざまな構成要素は認識の対象になるが、「私」は認識の対象にならず、言語化されない。言語化されないものは省略の対象になりえない。

　すなわち、(2) は、有題文「私は林です」の主題（旧情報）である「私は」が省略されたものではなく、そもそも「私ハ」は言語化されない。「私ハ」が言語化されないのは、それが主観的把握を好む話し手の観察の原点だからである。

4. さらに

　主観的把握の観察の原点としての「私」で説明可能な言語事象をいくつか取り上げる。第一は、道に迷って通りすがりの人に尋ねる状況での発話である。

　（８）　私ハどこにいますか。
　（９）　ここハどこですか。

言うまでもなく、日本語としては（８）より（９）のほうが自然である。（８）は客観的把握による発話で、道に迷った「私」を外から観察するもう１人の「私」がいて（〈自己分裂〉）、事態の中の「私」の存在場所を尋ねている。英語の"Where am I?"に相当するだろう。これは、自分以外の誰かについて「田中さんはどこにいますか」などと尋ねる場合と同じである。一方、（９）は、「私」は事態の中にいて自身の目の前の空間を〈見え〉として認識する主観的把握による発話である。「ここ」が指し示すのは「私の存在場所」ではなく「イマ・ココで（私の）目に映っている空間」であり、話し手は、認識対象としての空間について尋ねている。認識主体として事態の外にいる「私」が、認識対象として事態の中にいる「私」の存在場所を問うものではない。（９）に比して（８）が日本語として不自然であるのは、話し手自身を客体化し「私」と言語化したことによる。

　第二に、（10a）（11a）のように話し手自身への再帰的言及が不自然なのは、話し手が自己を認識の対象として自己分裂することが認識の原点としての「私」に抵触するからである。

　（10）a．私ハ私の手を私のポケットに入れた。
　　　　b．私ハ手をポケットに入れた。
　（11）a．目覚めると、私ハ私自身をベッドの中に見つけた。
　　　　b．目覚めると、ベッドの中にいた。

また、（12）（13）のように話し手以外が関わる事態でも「彼の」「彼自身を」といった再帰的な言及はなされない。

　（12）　彼ハ手をポケットに入れた。
　（13）　目覚めると、彼ハベッドの中にいた。

これは、話し手が第三者の置かれた事態に自分自身を置き、そこから事態

を把握するもので、話し手が関わる事態の主観的把握の拡張と考えることができる。これは、先の自己分裂に対して〈自己投入〉と呼ばれ、文学などで話し手が登場人物の視点で経験を語るのは究極的な話し手の自己投入と考えることができる。

　日本語母語話者の好む事態の切り取り方、すなわち、主観的把握の傾向に起因する「私（原点）」は、第2課「私（体験者）」とともに日本語のさまざまな言語現象を支えている。

　　　　　　　　　　　　　　　　　　　　　　　　　　　　　（近藤）

第2課 ｜ 私（体験者）

1. これまで

　形容詞には（1）のように属性を表すものと、（2）のように感覚・感情を表すものがあり、（2a）のような感覚・感情形容詞を述語とする述べ立て文では1人称のみが、（2b）のような疑問文では2人称のみが主語になる。第3人称について述べようとする際には（3）のように、外から見てそのような徴候があることを述べる表現が求められる。この現象は感覚・感情表現の人称制限と呼ばれる。

（1）　私は／あなたは／彼は若い。
（2）a.　　私は／＊あなたは／＊彼は眠い。
　　　b.＊私は／　あなたは／＊彼は眠い？
（3）　彼は眠いようだ／眠いらしい／眠そうだ。

　このような制限の明確でない言語もあるが、日本語においてこのような人称制限があることについては、直接感知できない他人の感覚や感情について述べることはおかしいし、述べれば情報の縄張りを侵すことになって失礼だからであると説明される。

2. しかし

　しかし、（2a）「私は眠い」という文をよく考えてみると、人称制限に合致しているにもかかわらず不自然な感じを与えることに気づく。私たちは通常、眠気を感じたときに「私は眠い」と言ったり、嬉しさを感じたときに「私は嬉しい」と言ったりしない。特に、聞き手への伝達を意図せず、身体内にわき起こった感覚・感情を現場でそのまま内言として、または独話的に表出する場合にその不自然さが際立つ。外界からの刺激によって生じた感覚をとっさに表出する「痛（い）！」「熱（い）！」にいたっては、「私は」は決して現れない。

　また（2b）「あなたは眠い？」もやはり不自然な印象をぬぐえない。このような場合、日本語母語話者であれば、次のように発話するであろう。

（4）ああ、眠い。
（5）眠い（の）？

では「私は眠い」や「あなたは眠い？」は人称制限に合致しているのになぜ不自然なのだろうか。このことの説明として、日本語では主題が往々にして省略されるから (4)(5) のような文が用いられるのだと言われることが多いが、果たしてそうなのだろうか。

3. 実は

● 3-1　話し手のゼロ化

　第1課で取り上げた「あ、誰もいない」というような文においては、話し手が事態に臨場しつつ、自己の外部にある事態を観察するのであったが、感覚・感情は自己の内部で生じるものであるから、さらに根源的な「体験」であるということができる。

　自分以外の人の内面は、外面に現れた徴候から推し測る以外、知覚のしようがないものであるから、そもそも直接的に述べようがない。したがって、「彼は眠い」は不自然である。

　同時に、自分自身の身体の内部で生じ、直接的に知覚される感覚・感情というものの感じ手は自分自身に決まっていて、そもそも誰がその体験者かということが問題にならない。そして、このようなもっとも根源的、身体内的な直接体験において、自己は感覚・感情が生じている場にすぎないため把握の対象にならず、結果として話し手自身は言語表現においてゼロ化される。

　そのため、「彼は眠い」が不自然であるのみならず、「私は眠い」という文も不自然になり、「眠い」のみの発話がもっとも自然になる。日本語で「私は眠い」のような感覚・感情表現が自然に感じられるのは、他者との対比を表現しようとする場合に限られる。

　この現象は、感覚・感情形容詞だけでなく、感覚・感情を表す動詞表現でも同様に観察される。「お腹が空いた」「歯が痛む」などにおいて、その感じ手は話し手に決まっているため、誰がその感じ手であるかは問題にされず、把握・言語化されない。

　なお、(2b) のような感覚・感情表現の疑問文において2人称主語が用いられるという現象は、本来、主観的把握によって1人称のみに可能であった感覚・感情表現が自己投入によって2人称に拡大されて生じたものと考えられ

る。

● 3-2　省略？

　省略とは、当然のことながら、本来あるものが省かれていることを表す。「眠い」という文が「私は眠い」から「私は」が省略されて作り出されているとする考え方では、身体内的感覚の体験者が把握され、第１人称主語となり、さらに主題化されて「私は」となって、その後に「言わなくてもわかるから」省略されたことになる。

　しかし、自己のものについてしか把握できない感覚・感情を表す日本語表現は、本来、「眠い」「嬉しい」のような形が基本なのであり、もともとあった「私は」がたまたま省略されて作り上げられたものではないと言うべきであろう。

　日本語教育では、「私は眠い」「私は嬉しい」「私は悲しい」などの文を提示し、主語である「私は」をことさらに強調して感覚・感情表現の人称制限を定着させようとすることが多い。しかし、これは単に省略されない整った文を教えているのではなく、むしろ本来ゼロであるべき知覚者の表現を付加することによって、対比という別の意味を生じさせているのであるから、問題だと言える。

　このように、感覚・感情表現においてその体験者を把握せず、ゼロ化することは、日本語母語話者に主観的把握への傾斜が強い、つまり言語化に先立って事態を把握する際、その事態を体験的・臨場的に捉えようとする傾向が強いことを示す証左の１つと言えよう。

● 3-3　身体部位

　感覚表現においては、以下のようにその感覚の生じている身体部位が示されることがある。

（６）頭が痛い。
（７）背中がかゆい。

　このような場合に、誰の身体部位なのかが問題にされて、(8)「私の頭」、(9)「私の背中」のようにそれが明示されることはない。

（８）＊私の頭が痛い。
（９）＊私の背中がかゆい。

主観的把握をする話し手にとって、感覚の生じる場所は自分自身の「頭」「背中」に決まっているからである。

● 3-4　自発表現

「見える」「聞こえる」は自発動詞と呼ばれ、「見られる」「聞ける」という可能形との差がよく問題にされる（第18課）。

自発動詞は「特に意志的な動作を行わなくても、自然に知覚・認識される」ことを表す。他方、「思われる」「案じられる」などは「思う」「案じる」の自発形であるが、これらの自発形が話し手の内発的なものであるのに対して、「見える」「聞こえる」は外部からの視覚的・聴覚的刺激が自然と話し手の感覚器官に達して知覚されることを表す。この「見える」「聞こえる」は、(10)(11)のように、話し手が眼前の事態を捉えてそのまま伝える現象文的な使用が基本である。

　　(10)　あ、東京タワーが見える。
　　(11)　赤ちゃんの泣き声が聞こえる。

「見る」「聞く」であれば主語に制約はないが、自発動詞「見える」「聞こえる」において、知覚者は話し手に決まっていて、特別な場合以外、「誰にそれが見える／聞こえるのか」は問題にされない。したがって、対比的な意味を帯びさせたい場合以外、知覚者である話し手は把握・言語化されないし、言語化される場合も「見る」「聞く」のような意図的行為をする行為者として「私が」となるのではなく、視覚・聴覚刺激を受け取る知覚者として「私に」と表現される。

4. さらに

感覚・感情以外にも、「ほしい」「〜たい」のような願望の表現、「と思う」のような認識・思考の表現、「しよう」のような意志の表現において、それらの主体は1人称に制限され、かつその主体は通常、言語化されない。これは、願望や認識・思考・意志が話し手の意識の中で生じ、話し手以外に知覚されようのないものであれば、感覚・感情と同様、当然のこととして理解される。

第1課では、話し手が事態把握の原点であるため話し手自身は把握・言語化されないという日本語の特徴を概観した。この課では、話し手が自己の内部に生じた感覚・感情などを捉える際に、体験的・臨場的な事態把握が行わ

れ、話し手がゼロ化されるという現象を見た。このように話し手の身体内部で起きる現象は、主観的把握のもっとも典型的・根源的な場合と考えることができる。

　このような主観的把握は、以下の各課において論じられる、日本語のさまざまな文法現象を横断的に説明することのできる非常に強力な基本原理である。

（姫野）

⇒ 移動と変化については第7～10課、授受は第11～12課、ヴォイスは第16～19課、「あなた」は第40課参照。

第3課 | 「そ」

1. これまで

　指示語は「こそあ」とも呼ばれ、指し示す位置によって使い分けられる語の体系である。その用法には場面指示（現場指示）と文脈指示の2つがある。

（1）a. A：この傘、昨日買ったんです。
　　　　B：きれいな傘ですね。
　　b. A：その傘、きれいですね。
　　　　B：あ、この傘ですか。昨日買ったんです。
　　c. A：あの傘がいちばんいい。
　　　　B：え、どれ。あ、あれね。
（2）a. A：この話、誰にも言わないでね。
　　　　B：わかった。
　　b. A：[話し終えて]どう、この話、おもしろい？
　　　　B：それ、昨日Cさんに聞いたのと同じだね。
　　c. A：昨日先生がしていたあの話、信じられる？
　　　　B：あの話、たぶん先生の作り話だよ。

　（1）は、話し手と聞き手の双方を含む物理的空間における特定の位置を指示する「場面指示」の例である。指示詞の使い分けは、物理的空間だけでなく心理的空間においても機能する。（2）は、物理的位置を指示するのではない用法で、「文脈指示」と呼ばれている。
　場面指示はさらに、対面型と融合型の2つに分けられる。「対面型」は、話し手と聞き手が対面している条件下で、話し手の領域にあるものを「こ」で、聞き手の領域にあるものを「そ」で、両者の領域から遠くにあるものを「あ」で指示する用法である。「融合型」は、話し手と聞き手が隣り合って同じ方向を見ている条件下で、近い距離のものを「こ」で、近くも遠くもないものを「そ」で、遠いものを「あ」で指示する用法である。この場合の「こ」「そ」「あ」は距離に基づく用法なので「近称」「中称」「遠称」とも呼ばれる。
　（1bA）の「そ」は対面型であり、（3）の「そ」は融合型である。

（3）[タクシーに乗った客が運転手に]

「そこのレンガ色の建物の前で止めてくれ」（正保 1981：69）

2. しかし

　「そ」に対面型と融合型の2つがあるとすれば、日本語話者は常に聞き手との位置関係が正面か側面か意識して切り替えていることになるが、内省に照らせば、これはいかにも不自然に感じる。
　さらに問題なのは、(3) のような用法の位置づけである。単純に話し手・聞き手から近い地点・遠い地点を指す「こ」や「あ」とは異なり、「そ」が近くも遠くもない地点を指す専用の語というだけでは、「そ」の機能が明らかにされたとは言えない。
　以下で、場面指示の「そ」の用法の基本は何か、「あ」「こ」とどのように異なるのかについて、統一的な説明を目指す。

3. 実は

● 3-1　聞き手に気づかせる「そ」

　場面指示の「そ」で興味深いのは、対面型とも融合型とも言えない用法があることである。例えば、大教室で授業をする先生は、遅れて入室してきた学生に対して (4) のように言うことができる。

　（4）はい、遅れてきた人。急いでそこに座る、そこ。

　先生は学生に対面しているが、「そ」で指示されている場所は聞き手の領域にあるわけではない。話し手は空席として意識しているが、聞き手は認識していない場所である。
　また、デパートの1階の案内カウンターでは、次のような会話が日常的に行われている。

　（5）客　　　：すみません。子ども服売り場は何階ですか。
　　　案内係：5階でございます。［自分の側面に右腕を伸ばして］
　　　　　　　そちらの奥のエレベータからどうぞ。

　ここでも、案内係は客と対面しているが、「そ」で示された場所は聞き手の領域にはない。話し手は知っているが、聞き手である客は認識していない場所である。

(4)(5)において、話し手は「そ」と言うことによって、発話の時点で、話し手の心中にあっても話し手の領域とは言えない場所で、かつ聞き手の心中にない場所へ聞き手の注意を向けさせている。

融合型の(3)でも、乗客は心中にあるが自分の領域と言えない場所について「そ」と言うことで運転手に気づきを促している。

● 3-2　場面指示の「そ」と〈共同注意〉

ここでは認知心理学の共同注意という概念を用いて、より普遍的な説明を試みる。〈共同注意〉とは、第一に、他者が注意を向けている対象に自分自身が注意を向けることであり、第二に、自分自身が注意を向けているものに他者の注意を向けさせることである。

この概念を使うと、「そ」は、話し手が自身の領域外の事物と認識している対象へ聞き手の共同注意を促す機能を持つということができる。

対面型の「そ」は、話し手と聞き手の両者を含む発話の現場にあるもののうち、話し手が占有を主張しないものを指す場合に用いられる。指示されたものが発話の場にあって、話し手がそれを占有していないならば、聞き手の領域に属する可能性は高いが、必ず聞き手の領域に属しているというわけではない。聞き手の領域に属するということは「そ」の使用に基づいて推論された結果にすぎない。

融合型の(3)、対面型・融合型のどちらとも言えない(4)(5)のいずれの場合においても、「そ」で指示される対象は、発話の時点まで共同注意の対象になっていない。話し手が「そ」で指示することによって初めて指示対象が発話の現場に持ち込まれ、聞き手に共同注意が促される。この場合も、話し手は指示対象が自分の領域にあると主張するわけではない。

いずれの場合も話し手が占有を主張しない点で共通しており、このように捉えれば、場面指示の「そ」に2つの型を区別する必要はなくなる。

従来、話し手の体の一部であっても聞き手主導で指す地点には「そ」が用いられるとされてきた。

(6) ［AがBの背中の1点に指を立てて］
　　A: かゆいの、ここ？
　　B: そこじゃない。そこより3センチ上。あっ、そこ。

Bの発話に現れる3つの「そ」は、Aが指定した地点についてBが聞き手の主導を認め、「そ」で指示したということができるだろう。

「聞き手の主導を認める」ということは、Bが自分の領域内にあるという占有を主張しないことであり、いずれの用法もそのような事物をAとの共同注意の対象とするために「そ」を用いたと言ってよい。

「そ」の機能は〈占有の主張〉と〈共同注意〉の概念を用いて以下のように記述できる。

（7）「そ」：**話し手が占有を主張せず、聞き手がすぐに認識できる事物へと、聞き手の共同注意を促す。**

4. さらに

「そ」と同様に、「こ」「あ」の機能も〈占有の主張〉と〈共同注意〉の概念を用いて（8）（9）のように統一的に記述できる。

（8）「こ」：**話し手が占有を主張し、聞き手がすぐに認識できる事物へと、聞き手の共同注意を促す。**

（9）「あ」：**話し手が占有を主張せず、意識的に努力すれば聞き手が認識できる、心理的に遠い位置の事物へと、聞き手の共同注意を促す。**

（7）（8）（9）を基に場面指示の指示語の使い分けを整理すると次の表のようになり、占有の主張の有無と聞き手の認識の負荷の有無によって、「こ」「そ」「あ」を区別することができる。

	こ	そ	あ
話し手による占有の主張	あり	なし	
聞き手による認識する努力	不要		必要

最後に、「こ」と「あ」について対面型と融合型を区別する必要があるかどうか確認しておきたい。「こ」は、聞き手を想定しない独言の場合でも、聞き手がいる場合でも、話し手は自分の領域にある事物を自由に指し示すことができ、それは聞き手との位置関係に左右されない。また、「あ」は、聞き手がいることを前提に、遠くの事物など、認識するための意識的な努力を要する対象を指示する。「あ」の使用も、話し手・聞き手の位置関係に影響を受けない。「こ」と「あ」について、対面型と融合型の区別は不要である。

人の知識には、言葉やイメージなどで表現できる事実を記憶したものと、一定の感覚・動作の手順を記憶したものとがあり、前者を〈宣言的知識〉、後者を〈手続き的知識〉と呼ぶ。言語使用に関わる知識についてもこの区別は有効で、名詞や動詞など内容語を知っている場合の知識は宣言的知識であり、助詞などの機能語の使用規則についての知識は手続き的知識である（阿部他1994）。語の使用が聞き手の手続き的知識の想起を引き起こすとすれば、そのような語を〈手続き的意味〉を持つものとして記述することが可能である。(7)(8)(9)は、発話理解の手順を聞き手に示すもので、それぞれ固有の〈手続き的意味〉を持っていると言うことができる。

（吉田）

⇒「あ」については第4課参照。

第4課 | 「あ」

1. これまで

　指示語の用法は場面指示と文脈指示とに区別される（第3課）。日本語教育では、まず場面指示用法が教えられ、(1)のような文脈指示用法は少し後で導入される。文脈指示用法は学習者にとって習得が難しいものの1つである。

　（1）　ミラー：きょうの映画はよかったですね。
　　　　木　村：ええ。特にあのお父さんはよかったですね。

（『みんなの日本語』第15課）

　近年の研究（庵1995、庵他2001他）は、文脈指示の用法を文章の場合と対話の場合の2つに大別する。
　文章における文脈指示については、(2)(3)のように、先行文脈に出てくる要素を指示するために「こ」と「そ」を使い、「あ」は用いないとする。(2)と(3)の「こ」と「そ」はいわゆる照応用法である。

　（2）　先日会議があった。この／その／＊あの会議で、来年度の予算案が決まった。
　（3）　来月王子の結婚式が盛大に行われる。この／その／＊あのことはニュースで報道された。

　一方、対話における文脈指示については、(4ab)のように話し手と聞き手がともに体験したりして直接知っているものは「あ」で、そうでないものは「そ」で指示するとする。

　（4）　a. A：昨日渋谷で食べたあのラーメン、おいしかったね。
　　　　　　 B：あれ／＊それはおいしかったね。
　　　　b. A：昨日渋谷で食べたあのラーメン、おいしかったね。
　　　　　　 B：＊あれ／それ、あたしと食べたんじゃないでしょう。

　ただし、対話における文脈指示の用法については、(5)のような例が反例となることも知られている（阪田1971）。

　（5）　おっ、この曲、カオリに聞かせてもらった曲だ。あれはいつのこと

　　　　だったかな。
（6）実は恋敵が現れたんです。ああ、あの人さえいなければ、あたし幸
　　　　せになれるのに。

　(5)は、独話で、聞き手は存在しない。また、(6)の「あの人」は、聞き手がこの対話の場で初めて知る人物である。これまで、(5)(6)のような用法は例外とされてきたが、実際には、例外と言えないほど用例の数が多い。
　これらの例外的な「あ」系は、記憶の中の要素を指すことから、文脈指示の1つの下位分類として「記憶指示」と呼ばれ、(1)や(4)の「あ」の用法も合わせて、「一般にアの文脈照応用法と呼ばれるものは，すべてこの記憶指示用法である（金水1999: p.72）」という主張もある。

2. しかし

　これまで文脈指示は場面指示とは別の用法だとされてきた。だが、日本語母語話者として内省すると、これらの用法を切り替えて使うというようなことをしていないように思われる。
　また、対話における文脈指示の用法の中に(5)や(6)のような用例がある以上、「あ」が話し手と聞き手の間の共通経験に基づく共有知識を指示すると言うことはできない。また、話し手・聞き手の間の知識の共有自体、次のような無限遡及に陥るため、説明が不可能であることが知られている。

　　例えば、ある知識を話し手が有しており、これが聞き手と相互的に共有しているかを確かめるとしよう。この場合、聞き手がこの知識を持っていることを話し手が知っているだけでは十分ではない。まず、話し手がこれを知っていることを聞き手が知っていなければならず、そのことを話し手が知っていなければならない。これを聞き手が知っている…というように無限に続く。

　　　　　　　　　　　　　　　　　　　　　（田窪・金水2000: p.p. 252–253）

　文脈指示と場面指示との間で用法を切り替えていないとすれば、文章における「あ」の文脈指示用法も実はあるのではないかという予想ができる。文章の書き手と読み手は、それぞれ言語が伝達する情報の発信者と受信者であるという点で、対話の話し手と聞き手と同等である。にもかかわらず、「あ」の使用を制限するものが対話か文章かということになると、用法の切り替え

を認めることになり、内省に合わない。(5)(6)のような反例を例外とせず、場面指示と文脈指示の2つの用法を統一的に捉えることはできないだろうか。

3. 実は

第3課で特定した「あ」固有の機能を用いて、「あ」の用法の統一的説明を試みたい。第3課の記述を引用する。

> (7)「あ」: 話し手が占有を主張せず、意識的に努力すれば聞き手が認識できる、心理的に遠い位置の事物へと、聞き手の共同注意を促す。

● 3-1　対話における文脈指示再考

先の金水(1999)の主張を採ると、(1)や(4a)のような話し手と聞き手との共通の経験に基づく事物も、(5)や(6)のような話し手しか知らない事物も、統一的に説明することが可能になる。ただし、この「記憶指示」という用語については「ア系列は話し手の出来事記憶中の場面を領域として焦点化する用法を持つ(金水1999: p.71)」としており、焦点化の対象となる特定のタイプの記憶が念頭に置かれており、「記憶」一般には当てはまらない。

(1)や(4a)の「あ」に(7)を援用してみよう。話し手は過去の出来事を心理的に遠い対象として扱うことを「あ」によって聞き手に示す。「心理的に遠い事物」への共同注意を促された聞き手は、自身の記憶の中に「あ」の指示対象を同定することができる。それに対して、(4b)の聞き手は「あ」による指示対象を自身の記憶の中に同定できないため「そ」を用いている。「そ」で応じることは、自分の領域外の事物として扱い、それに共同注意を促す照応の用法である。

一方、(5)では、話し手は、独話をすることで、聞き手にもなる。自分自身の過去を回想しつつ、そこへ自身の注意を向ける。(6)では、聞き手は存在するが、話し手は必ずしも聞き手目当てに発話しているわけではない。「あ」を用いて、話し手の回想の中の人物に聞き手の共同注意を促すことで、話し手への共感を聞き手に求めると考えてはどうだろうか。

(7)の共同注意の概念を用いることで、共有知識の無限遡及に陥ることなく、「あ」の用法を説明することが可能になると考える。

● 3-2　文章における文脈指示再考

　文章における文脈指示では、(8)(9)のような「あ」の使用は反例であるが、不適格ではない。

（8）日本を代表する山は富士山である。あの末広がりの美しい形が多くの画家を魅了してきた。

（9）2011年3月11日、東日本大震災は起きた。あれから4か月が過ぎた今も、断水が続く地域がある。

(8)の「富士山」の「形」は読み手が容易に想像できるものである。(9)も、多くの読み手は「東日本大震災」を実際に体験したり、見聞きしたりして知っているものと捉えられる。どちらの場合にも、書き手が読み手にそれらへの共同注意を促すことに必然性がある。

　(2)や(3)などの多くの文章の文脈指示に「あ」が使われないのは、(2)や(3)のような事実を客観的に述べる文章では、(8)や(9)のような語り手の回想の表示とそれに伴う聞き手への共同注意の促しが不要だからである。これらの文章の読み手は、文章の背後にいる書き手と積極的に関わる必要がないからだとも言える。

4. さらに

　文章における文脈指示の例(10)を見てみよう。(10)では、「こ」「そ」「あ」すべてが使用可能である。

（10）父親の会社が去年不渡り手形を出した。これ／それ／あれが人生の転落の始まりだった。

　(10)で「こ」系と「そ」系の使用が問題ないのは、(2)(3)同様に、先行文脈に出てくる要素を指示する照応用法だからである。

　では、「あ」系の使用が可能なのはどうしてか。文章における文脈指示は、読み手の存在を前提とする。(2)(3)は客観的な述べ立て文で、その内容への読み手の介入を必要としないことはすでに述べた通りである。

　一方、「あ」系の使用は、話し手／書き手が自身の過去を回想していることの表示である。(10)の書き手は、この文章の話題の人物が、父親の失敗が自身のその後の人生に大きく影響を与えた、特別の出来事として回想していることを「あ」系で読み手に示している。(10)の読み手は、「あ」系の解釈過

程で、対話における文脈指示 (4a) の聞き手同様の認知操作、すなわち、共同注意と共感を求められることとなる。

　以上のように、第3課で論じた場面指示「あ」に関する記述 (7) は、解釈に聞き手／読み手への積極的関わりが求められる文脈指示「あ」にも適用することができる。このように、(7) を用いて、話し手と聞き手、書き手と読み手を前提とする「あ」の用法全般に関して統一的な説明をすることが可能となると考える。

（吉田）

⇒「そ」については第3課参照。

第2章
空間・時間の把握

第5課　「に」
第6課　「で」
第7課　物理的移動
第8課　体験者の移動
第9課　働きかけ・受影的移動
第10課　変化
第11課　ものの授受
第12課　恩恵の授受
第13課　「てしまう」
第14課　「もう／まだ」
第15課　「したところだ／したばかりだ」

第5課 ｜「に」

1. これまで

　格助詞「に」（以下、ニと表記する）には多様な用法がある。その中に、(1)のように場所を表す語について存在の位置を表す用法、(2)のように時を表す語について行為や作用の成立の時点を表す用法がある。

　（1）　銀行は駅の近くニある。
　（2）　銀行は3時ニ閉まる。

　さらに格助詞ニは「前・後」と一緒に使われ、空間的な前後関係と時間的な前後関係を表すことができる。

　（3）　私の前ニ／後ろニ田中さんが座っている。
　（4）　田中さんは鈴木さんが帰る前ニ／帰った後ニ来た。

2. しかし

　場所や時間を表す格助詞にはニだけでなく「で」（以下、デと表記する）もある。その中で時間的前後関係を表す場合、例えば日本語教育では(5)のように「動詞（ル形）+前ニ」と「動詞（タ形）+後デ」として導入されている。

　（5）　食事をする前ニ／した後デ歯を磨く。

　しかし実際には、「後（あと）ニ」という形式も見られる。
　格助詞ニとデには、両方とも空間的表現や時間的表現に用いられるなど共通するところが多い。デについては第6課で検討することとし、この課では、ニの空間的用法と時間的用法を検討する。

3. 実は

● 3-1　空間的用法

　空間的用法において、ニは ① 存在の位置、② 出現の位置、③ 移動の着点を表し、述語の要求する必須補語としての役割を担う。

① 存在の位置

（６） 校庭ニ桜の木がある。
（７） 駅の前／後ろ／中／そばニ本屋がある。

(6)の「校庭」や(7)の「前／後ろ／中／そば」など相対的な位置を表す表現に後接するニが示す存在位置は、具象的なものである。
　他方、ニの表す位置がこのような目に見える具象的なものでない場合がある。

（８） どの家庭ニもコンピュータがある。
（９） 若者ニはチャンスがある。

存在位置になる(8)の「家庭」や(9)の「若者」は、(6)(7)におけるような実体的・具象的位置というよりは概念的なものであり、存在主体であるコンピュータやチャンスの帰属場所や所有者を表している。
　特に、所有者をニで表し、所有関係を存在文で表す(9)のような文は、英語のように「誰かが何かを持つ」という構文を好む言語との差が際立つ例としてよく言及される。
　なお、ものの存在位置を表す場合はニが用いられるが、存在動詞「ある」が述部になってはいても、(10)のように入学式のような出来事の行われる場所を表す場合はデが用いられる。

（10） 講堂＊ニ／デ入学式がある。

② 出現の位置

上記(6)～(9)のようにものの存在位置を表す場合は、出来事性のない静的な事態であるが、以下のように、何ものかが出現するというプロセスを持ち、出現した結果、その場所にとどまることを表す場合もある。

（11） 駅前ニ巨大な駅ビルができた。
（12） 犬が犬小屋の前ニ穴を掘った。

(11)では「巨大な駅ビル」が出現して、その結果、存在する位置「駅前」がニで表され、(12)では行為による産物「穴」が出現した位置「犬小屋の前」がニで表されている。

③ 移動の着点

　もとから存在するものの位置や出現して存在するものの位置に加え、移動して到達する位置（着点）にもニが用いられる。

　　（13）　課長は先月出張で大阪ニ行った。
　　（14）　大使館ニ難民が押し寄せた。
　　（15）　母は写真の後ろニ花瓶を置いた。

(13)(14) は主体の移動先を表し、(15) は対象の移動先を表す。移動の着点の用法は、静的な事態を表す ① 存在の位置の用法と異なり、動的なプロセスを持つが、(16)(17) のような形で結果の状態を表すようになると、① 存在の位置の用法に近づく。

　　（16）　大使館ニ難民が押し寄せている。
　　（17）　写真の後ろニ花瓶が置いてある。

　このように、移動の着点をニで表すことができるのは、当然のことながら、述語動詞が移動の意味を持つ場合である。

　　（18）　　姉は母の後ろニ並んでいる。
　　（19）　＊姉は母の後ろニ歌っている。

　(18) のニは移動の意味を持つ動詞「並ぶ」の着点を表しているが、(19) においては、「歌う」という行為が移動を伴わないため、着点を表す「に」を取ることができない。
　次の (20) のように、① 存在の位置と ③ 移動の着点の二通りの解釈ができる場合もある。

　　（20）　自宅ニ電話があった。

　① 存在の位置の解釈であれば、自宅に電話機が存在したということであり、③ 移動の着点の解釈であれば、自宅に電話がかかってきたということになる。
　なお、以下のように、「場所」とは言い難いものが着点として扱われることもある。

　　（21）　椅子ニ座る。
　　（22）　紅茶ニ砂糖を入れる。

また、(13)～(18)は物理的な着点を表すが、(23)のような場合、移動の意味はやや抽象化し、「大使館ニ」は大使館の建物というより大使館という組織と解釈される。

(23) 大使館ニ苦情が殺到した。

この移動の着点という用法は、さらに、以下のような動作の相手を示す用法につながっていると言えるだろう。

(24) 彼は彼女ニプレゼントをあげた。
(25) 彼女は私ニそう言った。

● **3-2　時間的用法**

出来事は、その背景として時間的位置と空間的位置を常に持っている。(26)(27)のように、時間的位置の表現を担っているのは原則としてニである。

(26) 午前10時ニ講堂で入学式がある。
(27) 午後7時ニ駅の改札口で友だちに会った。

時間的用法においても、空間的用法と同じく、相対的位置関係を表す「前」「後」が用いられる場合がある。

(28) 食事をする前ニ歯を磨く。
(29) ジョギングをした後ニ食事をする。

(28)の「前ニ」は、「歯を磨く」という行為が「食事をする」行為の以前に実行されるということ、(29)「後ニ」の場合は、「食事をするのはジョギングをする前でなく、ジョギングをした後である」ということを表し、「ジョギングをしてから」と言い換えられる。いずれも継起的な時間の前後関係を表している。

3-1で見た空間的用法のニは、事態を描くのに必須の要素であったが、時間的用法のニは、描かれる事態の背景を表し、補助的役割を担う補語となる。絵画に例えて言うなら、存在や出現の位置、移動の着点のような空間的位置は、絵画で描かれる中心的事態そのものの一部で、その情報がなければ出来事が描けないが、時間的位置は、描かれる事態全体を位置づける背景のようなものだと言える。

4. さらに

　ニの「移動の着点」用法は非常によく用いられるもので、ニの典型的・中心的な用法と考えられるが、ニには同時に、「から」で言い換えることもできるような「起点」的な意味を表す場合（30）（31）もある。

　（30）　姉ニ辞書をもらった。
　（31）　先生ニ褒められた。

　移動の着点を示す助詞でありながら、起点を示すこともあるという事実が、ニの意味・用法を総体的に記述することを難しくしている。森山（2008）はニの意味構造をまとめて、「全ての用法がガ格参与者に対する『対峙性』を有し」ていると述べている。

　ニが起点的な意味で用いられる場合の典型例（30）（31）は、述部に「もらう」のような受け手主語の動詞や、「褒められる」のような受け身形が使用されていて、話し手側に向けられた行為を主観的に把握した場合であることは、この用法を理解する上でたいへん興味深い。

（足立）

⇒「で」については第6課、「する／なる」は第19課参照。

第6課 ｜「で」

1. これまで

「で」(以下、デと表記する)には多様な用法があり、(1)のように場所を表す語について動作の行われる場所を表したり（空間的用法）、(2)のように時を表す語について行為や作用の成立の時点を表したり（時間的用法）する。

（1） 図書館デ勉強する。
（2） 銀行は5時デ閉まる。

(2)の場合、「5時ニ閉まる」も可能であるが、ニは単に閉まる時点を述べ、デは限定的な時点を表すと説明される。

格助詞デは「ニテ」に由来する。格助詞デの基本的な意味を、森田(1989)は「限度や限界点」と捉え、何が限界の範囲であるかによりデの表す意味が分かれるとする。

（3） 電車の中デ財布を落とした。
（4） 来週の月曜日デ休暇が終わる。

(3)の「電車の中デ」は空間的用法で、「落とす」という行為が行われたのは「電車の中」であり他の場所ではないと範囲を限定し、(4)の「来週の月曜日デ」は時間的用法で、それまで継続していたもの（休暇の存在）が「来週の月曜日」を限界点として終了する意味を表すという。

森山(2008)はデの基本的な用法を「背景」として捉え、(5)(6)の「空間的背景」(場所・時間)と(7)の「役割的背景」(道具、原因、様態など)に分け、前景となる行為成立の背景を補足的に表す「背景格」とする。

（5） 花子は喫茶店デ友だちに会った。
（6） 太郎は来週デ20歳になる。
（7） 病気デ休む。

またデの多様性は何を背景として選択するかによるとし、その中の「限定」用法は空間用法の拡張したものとして説明している。

2. しかし

　上記の (2) において、デモニも「銀行が閉まるのが5時だ」と表す意味は同じであるが、異なる言い方には何らかの意味の違いがあると思われる。その発話意図はどのようなものであろうか。

　また、時間の相対的関係を表す (8) のような場合、「動詞 (ル形) ＋前ニ」と「動詞 (タ形) ＋後デ」と、「前・後」によって後続する格助詞が異なるのはどうしてなのだろうか。

（8）食事をする<u>前ニ</u>／した<u>後デ</u>歯を磨く。

3. 実は

● 3-1　空間的用法

　空間的用法のデは、動作の行われる場所を表す。

（9）（車を）そこ<u>デ</u>止めてください。

(9) はタクシーに乗って停車地点を言うときの発話である。「止める」という行為の着点を示す「そこニ」と異なり、「そこデ」は「車を止める」という行為が成立する場 (背景) を表す。同時に、「そこ」を限界点として車の走行を止めるという限界の意味も含んでいる。

　またデは相対的位置を表す「前・後ろ」などにも後接できる。

（10）姉は母の後ろ<u>デ</u>並んでいる。
（11）姉は母の後ろ<u>デ</u>歌っている。

(10) (11) では、姉が「並ぶ」または「歌う」という行為が「母の後ろデ」成立しているという、行為の背景 (場面) を表すことになる。デは動作の行われる場所を示すので、ニとは異なり、「歌う」のような移動を伴わない動詞の場合でも用いることができる。

　空間的用法のニが必須補語の役割を持つのに対し、空間的用法のデは、背景を表すもので、補助的役割を持つ補語となる。

● 3-2　時間的用法
① デと限界点

　　(12)　デパートは8時ニ／デ閉まる。
　　(13)　夕方7時ニ／＊デ食事をする。

(12)では、デもニもデパートが閉まる時間を表しており、交換しても基本的意味は変わらない。しかし(13)の「食事をする」ではニは許されるがデは不適切となる。これは(12)の「閉まる」が出来事の終了という局面を意味し、それまで継続していたデパートの開いている状態が8時を限界点に終了することを表すのに対し、(13)の「食事をする」には限界点がないためである。(13)を終了の意味を持つ「食事を終える」にするとデが適切となる。

　　(14)　田中さんは今年の10月ニ／デ還暦を迎える。
　　(15)　鈴木さんは6時ニ／デ帰ります。

(14)では「迎える」に終了の意味はないが、デもニも用いられる。ニは還暦を迎える背景（時点）を表しているのに対し、デは時間の流れを経て「還暦」に到達したということを含意し、その到達および達成の時点を「今年の10月」が指している。(15)も、ニは帰宅の時間を述べているのに対し、デはそれまでやっていたことを止めて帰宅することを表している。つまりデは、デがつく名詞の表す時点までの流れの延長線上で、ある行為を達成したり、ある事態に到達することを表すと言える。また達成や到達を表す動詞は、その時点で変化や結果をもたらす瞬間的なものである。
　このように時間的表現にデがつく場合は「時間的位置」のほかに、その時点までの流れが含意されていると言える。

② デと「動詞（ル形）＋前」
　(16)のように「後ニ」も「後デ」も時間的な前後関係を表すことができるが、(17)のような時間的用法の「動詞（ル形）＋前」では、デを使用することができない。

　　(16)　ジョギングをした後ニ／デ食事をする。
　　(17)　食事をする前ニ／＊デ歯を磨く。

　「前デ」は空間的な前後関係しか表せず、誰かが食事をしている目の前で「歯を磨く」行為をするという意味を表すことになる。どうして時間的な意味

で「前デ」と言えないのだろう。
　(16)「後デ」はジョギングをした後の場（時間的・空間的背景）を表している。ジョギングと食事という2つの行為は継起的である必要はなく、ジョギングをしてから不特定の時間が経ってから食事をしてもよい。また「後デ」は「ジョギングをする」というそれまでの行為の流れを前提としており、そのあかつきに「食事をする」という行為に及ぶというデの限定の意味も含意している。つまり「前デ」に時間用法がないのは、時間的な「前」にはデの必要とする「それまでの行為の流れ」という前提がないからであろう。
　ニがその後接する名詞の表す空間的・時間的な位置の1点を指すのに対し、デは空間的・時間的にもある広がりを持つ領域を含意しており、これは空間的には場面を、時間的にはそれ以前の経過を前提として含むような意味合いをもたらすと言える。

4. さらに

　ニとデには重なる機能が見られ、交換可能な場合もあるが、その伝えるニュアンスには違いがある。

　(18)　どこニ／デ落としたの？
　(19)　病院ニ／デ生まれた。

　(18)の「落とす」、(19)の「生まれる」は移動や出現を表す動詞である。(18)では、ニがものを落とすという行為の結果、そのものが落ちた先に関心があり、意識的に落としたとも考えられるが、デは「落とす」という行為そのものが発生した可能性のある場所を聞いている。(19)では、ニは最終的な存在場所を示すことから、所属先つまり家系を表し、デは生まれた具体的な場所を述べているにすぎない。
　ドルヌ・小林（2005）は、以下の例をあげている（一部変更して引用）。

　(20)　熱帯　ニ／??デ生息している。
　(21)　熱帯　ニ／　デ生きている。
　(22)　熱帯 ?ニ／　デ暮らしている。

　類似の意味を持つ動詞でも、存在の側面と活動の側面のどちらが前面にあるかで、ニとデが選択される。「生息する」はニ、「生きる」はデが普通だがニも可能、「暮らす」ならデが選ばれるだろう。「生息する」のは土地に密着

して住み着くことであり、「暮らす」は生活のための具体的活動の様々を連想させる。「生きる」はニとデのどちらも可能だが、デなら場所は背景的な扱いで、ニなら必須要素であるから、生きることと土地との密着性が高いと感じられる。

 (23) 人々の心ニ／?デ生き続ける。
 (24) 京都ニ／デ遊ぶ。

 (23)は抽象的な「心」に後接しており、ニのほうが自然な表現となる。また(24)の「ニ遊ぶ」は文語的な表現ではあるが、「デ遊ぶ」という偶然的なものではない。(23)(24)のニは両者とも、場所との必須的な結び付きを意識した比喩的な表現と言える。
 また、(25)(26)のように、量的な意味を含意する「から」や「まで」とデの関係にも興味の持たれるところである。

 (25) 展示会は火曜日から始まり、木曜日デ終わる。
 (26) バーゲンセールは日曜日から土曜日までやっている。

（足立）

⇒「に」については第5課、「まで」は第22課参照。

第7課 ｜ 物理的移動

1. これまで

　「行く」と「来る」は、移動を表すもっとも基本的な動詞で、事態の中にある話し手から見た方向性を含んでいるため、主観的把握を示す典型的指標となる。

　（1）　A: ちょっと部屋まで来てもらえますか。
　　　　B: はい。今行きます。

　基本的に「来る」は話し手の現在地への移動、「行く」は話し手の現在地以外への移動を表すと言える。
　方向性を含む移動動詞の使い分けで問題になりうるのは、話し手が聞き手の現在地に移動するときに、話し手側、聞き手側のどちらを原点として事態を把握・言語化するかということである。英語ではこの場合、（2）のように「come」が用いられる。

　（2）　I'm coming.

　英語では、話し手の移動であるにもかかわらず、その移動を聞き手の立場から捉えて表現するわけだが、それに対して日本語では、話し手が聞き手の現在地に移動する場合に「来る」を用いて（3）のようにすることができない。

　（3）　＊今来ます。

　つまり日本語において話し手は自分自身以外を発話の原点とすることができないのであり、日本語はあくまで話し手中心に物理的移動を把握・表現するということができる(注)。
　このように、話し手が聞き手の現在地に移動する場合に「行く」「来る」どちらのタイプの動詞を用いるかは言語によって異なるため、その点が日本語教育の中でも問題となり得るが、移動について話し手からの〈見え〉を織り込み、話し手に近づく方向と話し手から遠ざかる方向を区別することは人間の言語に広く見られるものなので、本動詞としての用法それ自体の理解・習得に大きな問題はないと思われる。

2. しかし

　しかし日本語では、(1)のように「行く」「来る」を本動詞として用いる場合に加えて、(4)〜(7)のように、「いく」「くる」を「てくる」「ていく」の形で補助動詞として用いる用法が発達している。

　(4) 朝ごはんを食べてきました。
　(5) お土産を買っていきました。
　(6) ちょっと飲み物を買ってきます。
　(7) ボールが転がってきた。

　いずれも物理的移動を表すが、(4)(5)は「朝ごはんを食べる」「お土産を買う」行為に引き続いて移動があったことを、(6)は、現在地にいる話し手が「飲み物を買う」ために移動し、その行為に続いて現在地に戻るというUターン的移動を表す。(7)は話し手自身の移動ではなく、ある主体(ここでは「ボール」)が話し手に向かって移動することを表す。

　阿部(2010)が述べているとおり、日本語の「ていく」「てくる」はこのように「本動詞に場所ダイクシスを付与する機能を発達させ」ているのだが、これらさまざまな補助動詞用法の中には学習者にとって理解・習得が困難なものもある。

　例えば(4)(5)(6)で、「朝ごはんを食べる」「お土産を買う」「飲み物を買う」などの行為を移動と結びつけて表現しなければならない必然性は理解されにくい。また日本語では、「ボールが転がった」で自らに向かう動きは表せないため、(7)のように「てくる」で表現する必要があるが、これはさらに学習者に習得困難なようである。

　日本語の移動動詞にはなぜこのような場所ダイクシス(直示)機能が発達しているのか、以下、この課では、物理的な移動に限って検討する。

3. 実は

　(4)(5)(6)のような場合、「朝ごはんを食べました」「お土産を買いました」「ちょっと飲み物を買います」でも意味は通るが、「ていく」「てくる」を用いてその前後の移動を表現し、話し手の現在の位置との関係を示したほうが、発話の現場との関係を踏まえた事態把握となり、日本語として自然である。

　ネットのブログには、以下のように、書き手自身の行為を表す「てくる」

（上記 (6) の用法に当たる）があふれている。

(8) 映画、観てきました。
(9) ○○、買ってきました。
(10) ○○へ出かけてきました。

これらにおいて、書き手はパソコンに向かってブログを入力している現在の場所を意識していて、「観る」「買う」「出かける」行為と現在地の関係を現場内的な観点から捉えているものと思われる。

次に、主体の移動（「飛び出す」「引っ越す」など）または客体の移動（「送る」「届ける」など）が話し手に向かう場合（上記 (7) の用法に当たる）を考える。この場合、「飛び出す」や「送る」などの動詞だけでは表現されず、普通、(11)(12)(13) のように「てくる」「てくれる」「られる」などが用いられる。

(11) 子どもが飛び出してきた。
(12) 小包を送ってくれた。
(13) ボールを投げつけられた。

これらの形を伴わない文 (14)(15)(16) では、話し手に向かう動きであると解釈することが困難になって誤解が生じるか、少なくとも、自己との関わりを捨象して非常に客観的に描写しているという印象を与える。

(14) 子どもが飛び出した。
(15) 小包を送った。
(16) ボールを投げつけた。

(11)〜(13) の文では、話し手は文の表面に現れていないものの、「てくる」「てくれる」などの存在によって、移動の到着点に位置していたことが表されているのである（「てくる」「てくれる」「られる」の使い分けは、恩恵性の有無による。第9課、第12課、第16課参照）。

秋田・松本・小原 (2010) は、主体の移動または対象の移動を撮影した短いビデオクリップを刺激として、日本語と英語の母語話者にその事象を記述してもらう実験を行った。その結果、直示的経路の表現は、イク系列の表現についても、クル系列の表現についても、「日本語のほうが英語よりも遥かに頻繁であった」(p.12) と言う。

この理由として考えられる可能性の1つとして、「映像の内部に自らを置く

かどうか」という認識の違いをあげている。例えば、男性がカメラ位置に向かって歩いて移動し、カメラの位置を通り過ぎる映像を記述する際、日本語話者は (17) のように表現し、英語話者は (18) のように表現するということである。

(17) 男性が鍵の音をさせながらこちらに歩いてきた。
(18) A guy holding his keys walked down the road toward the camera and passed it.

日本語では「こちら」「歩いてきた」という直示表現が用いられて、話し手による把握の原点がカメラと同一化していることがわかる。これに対して英語では、話し手はカメラ自体を把握の対象として言語化している。つまり、「日本語話者がビデオの中の世界に自分を置いて直示表現を用いたのに対して、英語話者は自らをビデオ映像の外において、直示表現を用いずに答えたのではないか」ということであり、これは「日英語における主体性の相違として主張されていることと共通性がある」と述べている。日本語では認識主体が事態の中に自らを置いて表現を行う傾向が強いことを示す非常に興味深い結果である。

以上、日本語の話し手は主観的把握の表れの1つとして、常に発話の現場を意識して、現場没入的に事態を把握し、話し手の現在の位置（ココ）の情報を付加する傾向が強いことを見た。これに対し、発話の現場を外部から観察する形で事態を把握し言語化する話し手は、話し手から見える方向には無関心になるため、日本語において好まれる (4)〜(7) のような移動の補助動詞用法を理解・習得することが困難になる場合があるものと考えられる。

4. さらに

物理的な移動とは言えない以下のような例も、「てくる」の空間移動という基本的な意味と平行性を持ち、話し手に向かってくる動きであると認識・表現されている。

(19) 入場曲が流れてきた。
(20) 仕事がつぎつぎ降ってきた。
(21) 問題が噴出してきた。

さらに、「移動」（空間）は「変化」（時間）に用法が拡張されるが（第10課）、

これは〈見え〉の共通性に支えられている。

(注) 沖縄・九州をはじめ一部の方言では、聞き手現在地への話し手の移動を「来る」で表すことができる。日高 (2007) によると、これは古代語で聞き手領域への話し手の移動を「来」で表していた可能性が高いことを示しているという。澤田 (2010) はこの変化を、相手領域を侵さないというネガティブ・ポライトネスに日本語が機軸を移したためと解釈している。

(姫野)

⇒ 体験者の移動については第 8 課、働きかけ・受影的移動は第 9 課、変化は第 10 課、迷惑受け身は第 16 課参照。

第8課 │ 体験者の移動

1. これまで

　第7課で述べたように、ある主体の移動が話し手に向かう場合、日本語では、(1)「車が近づいた」のような形ではなく、(2)のように「てくる」を用いて「近づいてきた」と表現する必要がある。

　（1）車が近づいた。
　（2）車が近づいてきた。

　(1)の文のように補助動詞「てくる」のない形で、車が話し手に接近したことを表現するには、「私に」と明示するしかないが、「私に近づいた」ではことさら客観的に表現しようとしているという印象を与える。
　他方、(2)では「てくる」があることによって、車の移動の到着点に話し手が位置していることが示され、またそのため、「私に」というような話し手への明示的な言及は必要がない。(2)において、話し手はその状況を現場の中の視点から把握・言語化しており、その意味でこの文は日本語の主観的把握の一例と捉えることができる。

2. しかし

　では、次の例(3)はどうだろうか。

　（3）ハワイが近づいてきた。

　(3)でも(2)と同様に話し手に向かってくる動きが「てくる」を用いて表されていて、(2)も(3)も文型としてはまったく同じに見える。
　しかし、当然のことながら、(2)と(3)では移動している主体が異なる。車はもちろん移動することができるが、ハワイは、地殻変動などによって移動するというのでない限り、通常動くとは考えられない。つまり(2)では車が移動して話し手に近づいたのに対し、(3)では、話し手が飛行機などに乗って移動することにより、ハワイに接近したことを表す。
　(3)において、移動しているのはハワイではなく話し手であるにもかかわらず、ハワイが車と同じように扱われ、移動を表す述語「近づいてきた」の

39

主語になっているのは、考えてみれば不思議な現象である。これはどのように理解すればよいのだろうか。

また、次の例（4）について、定延（2008）は「北京を観光旅行中の人間が、移動する観光バスの中から北京の街を見て、同乗者に向かって話しかける文」として不自然ではないだろうと述べている。

（4）なんか、レストランがしょっちゅうあるね。（定延 2008: p. 68）

「しょっちゅう」は頻度を表す副詞であるから、「しょっちゅう遅れる」のように、時間の中で生じる「できごと」について用いられ、その生起の頻度が高いことを示すのが普通である。（4）は、「ある」という存在を表す動詞を用いた文であり、存在が認められているのはできごとではなく「レストラン」という「もの」であるにもかかわらず、頻度を表す副詞（時間表現）が違和感なく容認されるのはなぜだろうか。

3. 実は

● 3-1　移動体験の表現

自分が移動してどこかに近づくことを表現するのに、（3）のような文だけでなく、（5）のような文も用いることができる。

（5）私はハワイに近づいていった。

（5）では、「私」という1人称代名詞が用いられていること、そのことと連動して、話し手の現在地に近づくことを表す「近づいてきた」ではなく、現在地から遠ざかることを表す「近づいていった」が用いられていることが、（3）との大きな違いである。

（5）においては、話し手自身が把握・言語化の対象となり、話し手を指示する「私」が文の中に音形のある要素として現れている。これは、話し手が自分自身を含む事態をその事態の外部から観察し、把握・言語化しているからである。

他方、（3）の文には「私」は現れない。話し手は事態の中にいて、話し手自身を把握の対象とせず、その事態の中での体験を〈見え〉のままに言語化している。

誰でも経験するように、自分が移動すると、その移動によって自分に見える世界は変化を遂げる。すなわち、自分が移動して目標に近づいていくと、

その目標と自分との距離は縮まり、あたかも目標が自分に接近してくるかのように感じられる。自分は移動せず、物の方から自分の方向に移動してくる場合も、自分が移動して目標とする物に近づいていく場合も、両者の距離が縮まるという意味で主観的な〈見え〉は同じなのである。

このような体験を把握・言語化する際に、(3) は、自分に見える位置関係の変化を「ハワイが接近している」と、〈見え〉のままに表現した主観的把握の文であると言える。他方、(5) はイマ・ココの現場内的な〈見え〉ではなく、飛行機に乗って移動している話し手自身をも事態の外から眺めて客体化し、その「私」がハワイに向かって接近していると捉えた客観的把握の文である。

ただし、車が近づく場合とハワイが近づく場合の〈見え〉が同じであるといっても、例えば「向こうから」というような表現を付加できるかどうかを考えると、「車」の文には付加できるが、「ハワイ」の文にはできないだろう。

（６）　向こうから車が近づいてきた。
（７）　＊向こうからハワイが近づいてきた。

つまり、同じ「近づいてきた」という述語の文であっても、「ハワイ」のように話し手自身が移動することによって目標が近づいているように見えるにすぎない場合には、「向こうから」という物理的な動きを示す表現と共起できない。これは、〈見え〉の中では目標が接近してくるけれども、実際には移動しているのは話し手（体験者）であって、目標は移動していないということが意識されているからではないかと思われる。

● **3-2　時間表現と空間と移動**

次に、時間表現が空間について用いられる場合について、定延 (2002、2008)、本多 (2005) に従って概観する。先にあげた (4) 以外にも、頻度の副詞が空間について用いられる例として (8) (9) がある。

（４）　なんか、レストランがしょっちゅうあるね。
（８）　当たり前のことを分ってない人がたまにいる。
（９）　田舎の道沿いに時々木作りの家がある。

いずれも本来、時間に関わらない「もの」の存在を表す文であるにもかかわらず、頻度の表現を含んでいる。それは、これらの「もの」の知覚者が、移動しながら空間を探索するという「行為」の体験者となり、その探索行為の時間の長さに比して「しょっちゅう」または「たまに」「時々」何かを発見

するからである。例えば (4) の場合であれば、バスに乗って車窓から北京の街を眺めながら移動することで、話し手は北京の街を探索している。移動を伴う探索活動は当然、時間の中にあり、その探索時間との関係において「レストラン」の発見の頻度が語られている。

つまり、(4)(8)(9) は、移動表現ではないが、知覚者が移動の中でそれらに「出会う」、それらを「見かける」体験をしたことを前提として成り立っている。空間自体に時間性はないが、その空間を探索しようとすると、探索活動に伴って、体験者の〈見え〉の中で空間が時間的な側面を持つことになり、描かれる事態ができごと性を帯びると言ってもよい。

先に見た (3)「ハワイが近づいてきた」は、体験者の移動であるにもかかわらず、体験者が近づいていく対象のほうが移動しているかのように表現されたものであり、(4)(8)(9) は体験者が移動していることは言語的に明示されない存在の表現であるが、いずれも体験者の移動を前提とし、移動する主体の〈見え〉を言語化したものである点で共通している。

4. さらに

この課で検討した (3) や (4)(8)(9) には、話し手を指示する「私」などの語は現れていない。しかし、話し手は言語として表された〈見え〉を作り出す知覚者・体験者として表現されていると言える。ここでの話し手は、「エコロジカル・セルフ」として捉えられている。「エコロジカル・セルフ」とは、「世界を知覚することによって知覚される自己」のことである。

本多 (2005: p.13) は、「環境の知覚と自己の知覚は相補的であり、世界を知覚することは、同時に自己を知覚すること」であると述べている。例えば、空間の中で移動すると、その移動に応じて外界の見え方が変化する。その変化によって、人間は環境を知覚すると同時に、自分の身体の位置を知覚しているのである。そして、そのようにして捉えられたエコロジカル・セルフは、言語表現において、文中に明示されるわけではないが、ゼロ形として表現されていると考えられる。

この「エコロジカル・セルフ」という考え方は、主観的把握と客観的把握を理解する上で鍵となる概念である。

(姫野)

⇒ 私 (原点) については第1課、私 (体験者) は第2課、物理的移動は第7課参照。

第9課 | 働きかけ・受影的移動

1. これまで

　第7課で述べたように、「行く」「来る」は本動詞として話し手中心に把握された物理的移動を表し、さらに補助動詞用法の「ていく」「てくる」という形で、本動詞に話し手から見た方向性を付加する。

　（１）　ボールが転がっていった。
　（２）　母がりんごを送ってきた。

特に、主体もしくは客体の物理的移動が自らに向かってくるものである場合、(3)(4)のような形で表現することができず、通常、その求心的方向性を(5)(6)のように「てくる」で表現する必要がある。(3)(5)が主体の移動の例、(4)(6)が客体の移動の例である。

　（３）　＊その人が私に近づいた。
　（４）　＊彼が私に書類を送った。
　（５）　　その人が私に近づいてきた。
　（６）　　彼が私に書類を送ってきた。

2. しかし

　上記(1)〜(6)で用いられている動詞「転がる」「送る」「近づく」は物理的な移動を表すが、「てくる」は以下の(7)(8)のように、物理的位置変化を伴わない動作を表す動詞にも付加される。

　（７）　隣の人が話しかけてきた。
　（８）　相手が断ってきた。

「話しかける」「断る」は物理的な主体移動・客体移動ではないものの、対象への働きかけが行われているため、広い意味で移動と捉えられるものである。これらにおいて、その抽象的な意味での移動が話し手に向けられたものであれば、物理的な移動の場合と同様、やはり(9)(10)のように動詞そのままの形では表現することができず、その方向性を「てくる」で表現する必要があ

る。

(9) 隣の人が話しかけた。
(10) 相手が断った。

　このような物理的移動を伴わない広い意味での「移動動詞」が持つ方向性表現の制約については、日本語教育でじゅうぶんに扱われてこなかった。そのため、学習者の誤用も多く見られる。

(11) ??山田さんが電話で私に知らせた。
(12) ??そのうちの1人が私に話しかけた。

　日本語母語話者であれば、方向性を付加して「知らせてきた」「話しかけてきた」と表現し、同時に、その表現があれば「私」を言語的に明示しないだろう。また、(13)(14)のように動きの主体・受け手が言語的に明示されない文においては、「てくる」の有無が話し手に向かう動きかどうかの解釈を決定するため、「てくる」の非用は誤解を生む。

(13) 電話で知らせた。
(14) そのうちの1人が話しかけた。

　(13)では動きの主体も受け手も示されていないが、「知らせた」という形であるため、動きの主体は話し手で、受け手は話し手以外であるとの解釈を強く受ける。(14)では動きの主体だけが示され、受け手は示されていないが、「話しかけた」という形であるため、受け手が話し手であるとは解釈されない。学習者が、自らに向かう動きを表現したいときに(13)(14)のような文を用いると、誤解を受けることになる。
　それでは、このような移動動詞類には、どのようなものがあるのだろうか。

3. 実は

　山田(2004: p.55)は、広い意味での移動を含む動詞類を以下のように分類している。

　　a. 主体位置変化動詞（近づく、向かう、出る、入る、戻る…）
　　b. 言語附随主体移動動詞（話しかける、語りかける、言い寄る…）
　　c. 身体部位運動動詞（噛む、噛みつく、蹴る、キスをする…）

  d. 無対対象移動動詞（送る、（電話／声を）かける、届ける…）
  e. 有対対象移動動詞（預ける、教える、貸す、売る…）
  f. 発話内容移動動詞（話す、挨拶する…）
  g. 態度的働きかけ動詞（招待する、誘う…）

 上記のうち、a. b. c. は主体の移動を表し、d. e. f. g. は客体の移動を表す。「b. 言語附随主体移動動詞」「c. 身体部位運動動詞」「f. 発話内容移動動詞」「g. 態度的働きかけ動詞」などは、主体や客体の空間的位置変化を伴わず、通常「移動動詞」とはされないが、抽象的な意味で移動の概念を含み、空間移動を表す「てくる」「ていく」を補助動詞として取ることから、「移動動詞類」に含められている。
 これら移動動詞類は、話し手からの遠心的な方向性を表すことが基本であって、話し手に向かう求心的な方向性を表現する場合には、有標の形式が求められる。山田（2004）によると、求心的な方向を表す場合、「a. 主体位置変化動詞」には「てくる」が必須であり、「b. 言語附随主体移動動詞」「d. 無対対象移動動詞」「f. 発話内容移動動詞」「g. 態度的働きかけ動詞」では、「てくる」または「てくれる」のいずれか一方が必要である。つまり、「話しかけた」「送った」「話した」「招待した」というような形式では話し手への働きかけは表現できない。例えば、話し手への求心的動作を表す場合、以下の(15)は用いられず、(16)「てくれる」、(17)「てくる」のいずれか、さらには(18)のような受け身形にする必要がある。

 （15）1人の老人が話しかけた。
 （16）1人の老人が話しかけてくれた。
 （17）1人の老人が話しかけてきた。
 （18）1人の老人に話しかけられた。

 つまり、何らかの意味で移動を伴う行為を表現しようとする場合、日本語母語話者は、まずその行為が自分に向けられた行為かそうでないかを区別し、さらに自分に向けられた行為であればその恩恵性によって区別して表し分ける。自らに向けられた行為でなければ(15)、自らに向けられた場合で恩恵的であれば(16)、恩恵的でなければ(17)(18)が選択されることになる。(18)は、常にではないが、被害の意識を表現することもある。
 なお、山田（2004: p.42）は、「殴る」のような動詞は「テクル」の後接が不自然であるのに対し、「咬みつく」のような「c. 身体部位運動動詞」は「その

身体の動きによって示される疑似移動的運動を伴うためにテクルが後接できるものと考えている。

(19) ?隣に立っていた人がいきなり殴ってきた。
(20) 池に指を入れたら、すっぽんが咬みついてきた。

同時に、このカテゴリーの動詞は接触が含意されやすい性質から、(21)のように「話者を斜格にした無題能動文がより自然に感じられやすい」とも述べている。

(21) 池に指を入れたら、すっぽんが私の指に咬みついた。

「e. 有対対象移動動詞」については、「テクル」を用いて表すとかなり不自然に感じられることを指摘し、これは「受け手の立場から捉えた『教わる』『預かる』『借りる』『買う』を持つことによって生じている」と考えている（山田 2004：p.45）。

(22) ?お金を落としたとき、ひとりの紳士が私にお金を貸した。
(23) ?お金を落としたとき、ひとりの紳士が私にお金を貸してきた。
(24) お金を落としたとき、ひとりの紳士が私にお金を貸してくれた。

以上のように、広い意味での移動動詞類には、その語彙的意味の違いによっていくつかの種類が認められるが、基本的に、話し手に向かう動きを動詞単独で表すことが不自然であるという特徴を持つ。

4. さらに

近藤他(2010)の調査結果では、大学生の世代が「てくる」をより幅広く使用していることが示された（第16課）が、その傾向が出たのは「写真を見せる」「知っているかと聞く」のような働きかけの方向性がある動詞であった。

既述のように山田(2004)は、「殴る」のような方向性と関わらない動詞では「てくる」の使用が不自然と述べているが、これも実際には用いられることがある。以下は新聞の投書に見られた実例である。

(25) 小学校入学時、左利きだった私が字を書くたびに担任教師が竹の物差しで叩いてきました。（朝日新聞、2010.11.22）

また山田(2009：p.73)は、(26)の例を挙げ、他者からの影響は以前は受け

身で表していたが、最近「てくる」の使用が増加していることを指摘している。

(26) 電車の中で、ふざけている若者に注意したら、突然、キレてきた。

(26)は以前なら「突然、キレられた」と受け身で表現されていたであろう場面である。(25)の「叩く」は方向性とは関わらないものの直接的に相手に働きかけることを表す動詞であるが、「キレる」のように、方向性も直接的働きかけも伴わない主体の動作・行為に何らかの影響を受けたという受影的関係を表すのにも、「てくる」が使用されるようになってきているようである。

(姫野)

⇒ 物理的移動については第7課、恩恵の授受は第12課、迷惑受け身は第16課参照。

第10課 ｜ 変化

1. これまで

「ていく」「てくる」を用いて何らかの意味における「移動」を表す文としては以下のような例がある。

（1）お弁当を買っていきます。
（2）ボールが転がってきた。
（3）相手が断ってきた。
（4）あの人が電話をかけてきた。

上記のうち、第7課で扱った（1）（2）は物理的な空間移動を伴い、第9課で扱った（3）（4）は、物理的な主体移動・客体移動ではないものの、対象への働きかけが行われているため、広い意味で「移動」と捉えられるものであった。

それに対し、（5）（6）は、「ていく」「てくる」が空間的移動から時間的変化へと拡張された用法である。

（5）寒くなっていく／寒くなってくる。
（6）町は急速に発展していった／発展してきた。

時間的な変化は一般に空間的移動からの拡張と捉えられている。

2. しかし

本書でも、空間的な移動と時間的な変化との間の平行性を認め、時間的な変化を表す「ていく」「てくる」の用法は空間的移動からの拡張と考える。

では、「ていく」「てくる」の移動表現から変化表現への拡張・派生は、移動と変化のどのような共通点を基盤に生じてきたものなのだろうか。

以下では、「ていく」「てくる」が変化を表す用法を、① 事態の出現と消失、② 変化の進展、③ 動作の継続の3種に分け、空間的移動から時間的変化への意味拡張がどのようなメカニズムによって支えられているか検討する。

3. 実は

● 3-1　事態の出現と消失

(7)は「てくる」で出現を、(8)は「ていく」で消失を表している。

（７）歯が生えてきた。
（８）美しい風景が消えていく。

出現・消失は、それを観察・把握する側からすれば、対象物が自己の視界の中に入ってくる、または視界から出ていくことであると言える。空間と時間の関係は、(9)のように、知覚者・体験者の空間的移動に基づく表現を考えるとわかりやすい。

（９）園内を進むと、立派な建物が見えてきた。

移動する知覚者・体験者の側からその〈見え〉の変化を主観的に捉えると、自らの空間移動、そしてその移動のための時間経過に従って、外界の存在物（ここでは「立派な建物」）が徐々に視界に入ってきたと捉えられるだろう。それは、自己の位置変化に伴って対象物が次第に視野の中に入るという空間的な認知でもあり、時間軸に沿った変化という時間的な認知でもある。

(10)のような例では「てくる」は完全に時間表現に移行している。

（10）改革の課題が見えてきた。

(9)では「園内を進む」という実際の移動が存在し、「見える」という動詞も文字通り「視覚によって捉えられる」という意味であるが、(10)では、物理的な空間移動はまったく存在せず、「見える」という動詞の意味も「明らかになる」というような抽象的な意味へとずれこんで、時間の経過の中での変化という意味が確立している。

(7)(8)は、移動に伴う〈見え〉の変化から移動という側面がなくなり、〈見え〉の中への出現、または〈見え〉からの消失だけが捉えられるようになったものと考えられる。

この用法では、視野に入ってくる、視野から出ていくという空間的な側面があるため、出現には「てくる」、消失には「ていく」しか用いられない。

（11）＊歯が生えていった。
（12）＊美しい風景が消えてくる。

● **3-2　変化の進展**

　(2)「ボールが転がってきた」のような表現は、ある主体が空間移動するとき、知覚者がその着点にいることを表す「てくる」の例である。ボールの移動はできごとであるから時間の中にあり、「時点1」においてはボールが「地点1」に存在するという事態があり、「時点2」では「地点2」に、「時点3」では「地点3」にと、順次、話し手に近づく方向でボールの位置が変化する。

　次の例では、位置の変化ではなく大きさの変化が捉えられている。

　(13)　バラのつぼみが大きくなってきた。

　「時点1」においてはバラのつぼみが「大きさ1」であるという事態があり、「時点2」では「大きさ2」、「時点3」では「大きさ3」というように、時間軸に沿って観察を繰り返すと大きさに漸次的な変化が認められるわけである。ここには移動（位置変化）はないが、時間軸に沿った変化が認められるという点に(2)との明らかな平行性が見られ、その共通性に基づいて(13)が成立している。

　以下(14)(15)も、このような変化を表す例である。

　(14)　日に日に暖かくなってきた。
　(15)　失業率はさらに悪化していった。

　3-2の用法では、3-1よりさらに空間的意味が薄れ、抽象化の度合いが進んでいるため、参照点を変化の前に置くか、後に置くかによって、「てくる」「ていく」のどちらも使用可能である。参照点に向かって進展する変化は「てくる」、参照点から離れる方向で進展する変化は「ていく」で示される。

● **3-3　動作の継続**

　3-2は、観察の都度、何らかの変化が認められる場合だったが、「てくる」「ていく」が変化を伴わない動詞とともに用いられて、参照点まで、または参照点以降、ある動作が時間の経過の中で継続することのみを表す場合もある。

　(16)　入社以来、ずっとまじめに仕事をしてきた。
　(17)　この授業では、正義について考察していく。

　(16)(17)の述語に用いられている本動詞「仕事をする」「考察する」は時間幅を持ち、その行為が継続することを示すが、(18)(19)の「起こす」「発表する」のように動詞の語彙的意味が時間幅を持たない場合は繰り返しを表

すようになる。

(18) 彼女はこれまでも再三問題を起こしてきた。
(19) これからも随時、コメントを発表していきます。

3-2の変化の進展用法では、移動はないものの、位置変化から変化一般への拡張が見られたが、この用法においてはすでに変化そのものがなく、時間軸に沿って展開するという側面が残っているだけである。
　この用法でも、参照点を動作継続の前に置くか、後に置くかによって、「てくる」「ていく」の両方が使用可能である。

　「ていく」「てくる」の空間から時間への拡張をまとめると以下のようになる。3-1「事態の出現と消失」は、視界の中／外への移動という空間的〈見え〉の変化の側面を残した用法である。3-2「変化の進展」では、時間的経過の中で漸次的な位置変化を捉えるという「ていく」「てくる」の特徴が、漸次的な変化一般に拡張されている。3-3「動作の継続」は、さらに抽象化の度合いが進んで、時間的経過の中にあるという側面のみが拡張され、参照点まで、または参照点以降の継続を表示する。

4. さらに

　空間用法の場合、移動の主体が位置変化を起こすと、参照点（典型的にはココ）から捉える主観的な〈見え〉が変化する。その変化に基づいて、参照点から遠ざかる方向なら「ていく」、参照点に近づく方向なら「てくる」が用いられる。

(20) お金が出ていく。
(21) 検索すると、こんなサイトが出てくる。

　このダイクシス表示の機能は、「ていく」「てくる」が時間用法に拡張されてもよく保持され、時空の中に存在する自分のイマ・ココへの関わり・影響を強める方向での変化は「てくる」、イマ・ココへの関わり・影響を弱める、または中立的な方向での変化は「ていく」で表される。

(22) いろいろな準備が必要になっていきます。
(23) いろいろな準備が必要になってきます。

(24) 年齢が上がっていくと、感じ方も変わります。
(25) 年齢が上がってくると、感じ方も変わります。

　「ていく」を用いた (22)(24) はどちらかというと中立的な印象を与えるのに対し、「てくる」を用いた (23)(25) はイマ・ココへの関わり・影響を強める方向での変化で、話し手に直接関わる事態であるという印象を与える。
　なお、空間と時間の間で意味の拡張が生じるときは、常に空間から時間にという方向で行われる。

（姫野）

⇒ 物理的移動については第7課、体験者の移動は第8課、働きかけ・受影的移動は第9課参照。

第11課 | ものの授受

1. これまで

　ものを与えたり受け取ったりすることを表す動詞のうち、「やる／あげる／さしあげる」「くれる／くださる」「もらう／いただく」は、本動詞としてもののやりもらいを表すだけでなく、「てあげる／てくれる／てもらう」などの形で補助動詞としても用いられることによって日本語文法の中に組み込まれ、重要な役割を果たしている。この課ではこれらを授受動詞と呼び、「あげる／くれる／もらう」で代表させる。

　「あげる、くれる」系と「もらう」系は、与え手・受け手のどちらを主語に立てて事態を表現するかという点で対立しており、ヴォイスと関わる。ここに方向性が組み込まれ、そのやりもらいが話し手側・非話し手側のどちらに向かうものかが表現される。

2. しかし

　そもそも、授受動詞はなぜ「あげる／くれる／もらう」（敬語形は「さしあげる／くださる／いただく」）という3項対立なのだろうか。

　また、英語では、自分が誰かにものを与える場合(1)でも、誰かが自分にものを与える場合(2)でも、同様に「give」を用いて表現するのに対し、日本語ではなぜ(3)(4)のような使い分けが行われるのだろうか。そしてこの区別が行われるという事実は、日本語の持つどのような性質に起因するのだろうか。

（1）I gave him a book.
（2）He gave me a book.
（3）私は彼に本を　あげた／＊くれた。
（4）彼は私に本を＊あげた／　くれた。

さらに、(5)は用いられるのになぜ(6)は用いられないのだろうか。

（5）a. 彼は私に電話をくれた。
　　 b. 私は彼に電話をもらった。

(6) a. ＊彼は私に無言電話をくれた。
　　b. ＊私は彼に無言電話をもらった。

　この課では、多岐にわたる授受動詞の意味・機能のうち、ものの授受に絞って記述を試みる。

3. 実は

● 3-1　「あげる」「くれる」「もらう」の3項対立

　日本語の授受動詞の体系は「あげる／くれる／もらう」という3項対立であるが、これは野田（1991）が述べているように、人間が事態を認識する際に、被動者よりも動作者を主語にすることが普通であり、話し手側以外よりも話し手側を主語にすることが普通であるためだと考えられる。

　ものの授受という行為を認識・記述する場合、動作者主語であり、かつ話し手側主語である「あげる」が両方を満たす動詞で、人間の認識のし方にもっとも合致する動詞ということになる。話し手側以外ではあるが動作者を主語とする「くれる」と、被動者ではあるが話し手側を主語とする「もらう」は、少なくとも片方を満たすので存在するが、どちらも満たさない動詞は形式として存在しないということであると理解される。

主語になるのは	主語：動作をする人	主語：動作を受ける人
主語：「私」に近い人	あげる	もらう
主語：「私」から遠い人	くれる	

表1　授受動詞と主語（野田 1991：p. 186 一部変更）

● 3-2　授受動詞と方向性

　日本語の授受動詞には、話し手から見た方向性が組み込まれている。「あげる」「くれる」は、どちらも与えるという行為を表すが、贈与の対象となるものの移動が話し手に向かうか、話し手から遠ざかるかという方向性によって区別される。

　与え手と受け手の組み合わせによる授受動詞「あげる」「くれる」の使い分けを、移動動詞「行く」「来る」と並行させ、視覚的に把握しやすいように図示すると、図1のようになる。このように図示するとよくわかるように、「あげる／くれる」のシステムは「行く／来る」のシステムと酷似している。そ

して、基本的には、「くれる」が使用できる場合にのみ、受け手主語の「もらう」を用いることができる（ただし、「もらう」のほうが「くれる」より制約が緩やかで、「（話し手が配布したプリントについて）先週のプリントは<u>もらいましたか</u>」などが可能である）。

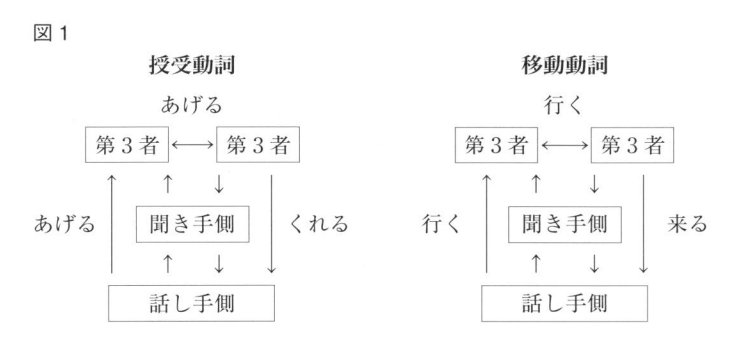

図1

授受動詞	移動動詞
あげる	行く

```
     第3者 ←→ 第3者              第3者 ←→ 第3者
       ↑    ↓                      ↑    ↓
あげる  聞き手側  くれる       行く   聞き手側   来る
       ↑    ↓                      ↑    ↓
        話し手側                     話し手側
```

　移動動詞については、日本語に「行く／来る」があり、英語に「go／come」があるように、参照点（典型的には〈ココ〉）に向かう移動か、参照点から離れる移動かによって異なる語彙項目が用意されていることは人間の言語にほぼ普遍的である（各言語でずれがあることには当然、注意が必要である）。しかし、参照点からの方向性という対立がものの授受にまで見られる言語は世界の言語の中でも非常に稀であるという。

　なお図1では、行為の参与者を「1人称／2人称／3人称」ではなく、「話し手側／聞き手側／第3者」と表示したが、これは日本語の授受動詞・移動動詞の使い分けが人称だけでは説明できないからである。よく知られているように、身内の人間であれば、第3人称であっても話し手の視点を引きつけてしまい、「話し手側」の人間として扱われる。

（7）あなたは（あなたの）弟にプレゼントを<u>あげた</u>／＊<u>くれた</u>。
（8）あなたは（私の）弟にプレゼントを＊<u>あげた</u>／<u>くれた</u>。

　このことは、「あげる／くれる」の使い分けが、人称現象でないことを示している。実際の発話では、「私の」「あなたの」などがない場合のほうが多く、与え手が話し手以外の場合、「弟にあげた」なら話し手以外の弟、「弟にくれた」なら話し手の弟を指していると解釈が決定づけられる。

　もののやり取りを客観的に見れば、話し手側から他者への贈与でも、他者から話し手側への贈与でも、ものの所有権の移動であることに変わりはない。

しかし、当事者の立場からすれば、どちらの方向への移動であるかによって、その行為の見え方や意義は大きく異なる。日本語では、主体や客体が移動する場合だけでなく、ものの授受を表現する場合にも、話し手からの方向性を織り込んで表現するという事実は、日本語が話し手との関わりをも合わせて言語化する主観的把握への傾向が強く、話し手中心性の強い言語であることを示している。

● 3-3　授受動詞と恩恵性

「電話」なら「くれた／もらった」と言えるのに「無言電話」は「くれた／もらった」と言えないのは、授受動詞が恩恵と無関係・中立に存在できず、不可避的に恩恵を表してしまうからである（益岡2001）。

恩恵でないもの、恩恵と無関係なもの（脅迫状、課題など）のやり取りには、「あげる／くれる／もらう」ではなく、「与える／渡す／出す／送る／受ける／受け取る」などの動詞を用いる必要がある。

もののやり取りという事態そのものを客観的に記述するのであれば、そのものが恩恵的か非恩恵的かというようなことは問題にならないが、日本語の授受動詞には、当事者から見た方向性に加えて、価値的な意味づけ、評価が織り込まれていると言える。

4. さらに

日本語の授受動詞に方向性と恩恵性が織り込まれていることを見た。この恩恵性という性質が拡張されて、恩恵の授受を表す補助動詞用法が成立したと考えられる。日本語教育で授受動詞の本動詞用法を扱う際にはその方向性のみに焦点が当てられがちだが、授受動詞が本動詞としてものの授受を表す用法においても、単なるもののやり取りではなく、恩恵的なもの、当事者にとって良いもののやり取りを表すことを理解しておくことは、補助動詞の用法を理解する上で非常に重要である。

さらに、授受動詞には、「さしあげる」「くださる」「いただく」という敬語形があり、これらを補助動詞として用いるさまざまな表現が聞き手への丁寧な働きかけ表現として不可欠となる。

（姫野）

⇒ 恩恵の授受については第12課、「てくれませんか／もらえませんか」は第36課、「てください」は第37課参照。

第12課 | 恩恵の授受

1. これまで

　授受動詞はもののやりもらいを表すのが基本であるが、第11課で述べたように、その本動詞の用法において、当事者にとって恩恵的と見なされたものの授受を表すことから、恩恵を表す補助動詞用法「てあげる」「てくれる」「てもらう」へと拡張されている。

　この補助動詞用法を持つため授受動詞は単なる語彙項目ではなく、広範な文法現象と関わって日本語における物事の捉え方の体系を端的に示す。同時に、恩恵性の表出は丁寧さの表現と結びつき、また「てさしあげる」「てくださる」「ていただく」という敬語形を持つことで敬語体系に組み込まれて、配慮表現、特に働きかけ表現に不可欠の存在となる。

2. しかし

　まず、(1)～(4)のような文における「てくれる」は、いずれも話し手がその事態を恩恵的だと捉えていることのみを表す任意の要素と考えてよいだろうか。

　（１）　彼が私の給食を食べてくれました。
　（２）　今年も桜が咲いてくれた。
　（３）　母が小包を送ってくれた。
　（４）　隣の人が話しかけてくれた。

　次に、行為を受け手の側から描き、ヴォイス的な転換を伴う「てもらう」は、同様の操作を行う受け身文や使役文とどのような差異があるのだろうか。

　最後に、授受動詞の補助動詞用法は日本語の配慮表現と深く関わっているが、これらの形式の使用にはどのようなルールがあるのだろうか。

　聞き手への働きかけを含む文については別に取り上げ、この課では述べ立て文・問いかけ文における恩恵表現のみを考える。

3. 実は

● 3-1 「てくれる」と方向性

　(1)(2)は「てくれる」を用いて、主語の行為を話し手にとっての恩恵として表現するものである。(1)のような主語の意志的行為のみでなく、(2)のような非情物主語の文や(5)のような有情物主語の無意志的な行為・状態などを表す文など、主語に与益の意志がなくても、その事態が話し手にとって恩恵的と認識されれば「てくれる」を用いることができる。

　（５）やっと子どもが元気になってくれた。

　(1)(2)(5)では、「食べる」「咲く」「なる」という動詞に方向性がなく、「てくれる」は恩恵の意味を付加するためだけに使用されている。そのため、「てくれる」のない恩恵中立的形式(6)(7)(8)も文法的である。

　（６）彼が私の給食を食べました。
　（７）今年も桜が咲いた。
　（８）やっと子どもが元気になった。

　他方(3)(4)の「てくれる」は、取り除いて(9)(10)のようにすると同じ事態を表すことができない。

　（９）母が小包を送った。
　（10）隣の人が話しかけた。

　物理的な移動を表す「近づく」「送る」など(第7課)や、物理的位置変化はないが何らかの意味で方向性を持つ「話しかける」「断る」など(第9課)の動詞は、話し手からの遠心的な方向性を表すことが基本であるため、話し手に向かう求心的な動きを表すには、「てくる」「てくれる」「られる」を用いる必要がある。このうち「てくれる」は当該行為が恩恵的だと認識された場合に用いられるが、このような「てくれる」は、恩恵的であることを表すと同時に、話し手に向かう求心的な方向の動きを表すという機能も兼ねているため、取り除くと、話し手に向かう動きであると解釈することが難しくなる。

　日本語教育で授受動詞の本動詞用法を扱う際には方向性に焦点が当てられがちだと述べたが(第11課)、補助動詞用法では逆に、恩恵を表すという側面が強調される。しかし、「てくれる」の持つこのような方向性表示という面も見落としてはならない。

● 3-2 「てもらう」とヴォイス

動作者の行為が恩恵的であることを表すのに、「てくれる」だけでなく「てもらう」も使用される。

(11) 彼に私の給食を食べてもらいました。

この場合、(6) の中立的表現に恩恵という意味が付け加わるだけでなく、恩恵の受け手が主語となり、ヴォイス的転換が行われる。

益岡 (2001) は、「てもらう」文に、一方的に動作を受けることを表す「受動型」と相手への働きかけがある「使役型」とがあるとした。このうち受動型「てもらう」文は、恩恵か迷惑かで受動構文と対比・対立し、役割分担していると述べている。以下の (12) は受動型「てもらう」文、(13) は受動文である。

(12) 彼に誤植を指摘してもらった。
(13) 彼に誤植を指摘された。

いずれも「彼が誤植を指摘した」事実に変わりないが、(12) はそれを恩恵として、(13) は迷惑として受け止めたことを示している。

他方、働きかけ性のある使役型「てもらう」は使役構文と対立しつつ、強制性を顕在化させない働きかけを表すとしている。(14) は使役型「てもらう」文、(15) は使役文である。

(14) 彼に行ってもらった。
(15) 彼に行かせた。

(15) は強制力を持って彼を動かしたことを示すが、(14) では強制性は前面に出てこない。実効的には強制力を持った指示であっても、その強制性をあらわにしないために用いられることが多い。

また、「てもらう」は「てくれる」と異なり、このような働きかけを表すことができるという性質を持つため、(16) のような、実質的には聞き手への働きかけを意図した文にも用いられる。

(16) この仕事は君にやってもらう。

このように、文法的要素は単独に存在するのではなく、方向性、ヴォイス、恩恵性、強制性などさまざまな面で他の要素と対立関係を持ち、役割分担しながらそれぞれの機能を果たしているのである。

● 3-3 「てあげる」「てくれる」「てもらう」と丁寧さ

話し手に聞き手からの受益がある場合、働きかけ文だけでなく、述べ立て・問いかけ文でも授受動詞は必須である。例えば、原稿を添削するように依頼をした後でその件について問い合わせたり、言及したりする場合、(17)(18)はきわめて不適切な文である。

(17) ＃あの原稿、<u>添削しました</u>か。
(18) ＃あなたが<u>添削した</u>原稿、事務に提出しておきました。

(17) では、「添削していただけましたか」を使用すべきであるが、尊敬語と授受表現という2要素のうち、尊敬語がなく授受表現のある「添削してもらえましたか」のほうが、尊敬語があって授受表現を欠く「添削なさいましたか」よりも適切性が高いと感じられることに注意すべきである。礼を失しない発話には、授受動詞の使用のほうが敬語よりもさらに重要であると言える。

逆に「てあげる」は、普通体で話すごく親しい相手を除いて、聞き手に対する与益には使いにくい。海外で、日本語の堪能な非母語話者の店員が(19)のように発話するのを聞くが、日本語母語話者は良い印象を持たないだろう。

(19) ?<u>安くしてあげます</u>。おまけもつけ<u>てあげます</u>よ。

聞き手への受益を表現したほうが、聞き手をそれだけ重要な人物として待遇していることになり、より丁寧であるとされる言語文化もあるが、日本語では、話し手から聞き手への与益にはなるべく言及しないことが配慮表現の原則となっている。

Leech (1983) は、丁寧さは主として競合型（要請・命令など）と懇親型（申し出、招待など）に関わると述べているが、日本語では、聞き手からの受益には最大限言及し、自らの与益には言及しないことが原則で、「丁寧さとおおむね無関係」とされている協調型（断言、報告など）も恩恵や丁寧さという観点から逃れられないのである。

4. さらに

「てくれる」「てもらう」は、恩恵を表すのが基本であるが、例外的に非恩恵的な意味を持つ場合がある。

(20) あいつがまたやってくれた。
(21) そこに入ってもらっては困る。

　本来、授受動詞は恩恵性において受け身形と対立しているが、ここでは受け身形「やられた」「入られて」で表されてもよいはずのところに授受動詞が用いられている。(21)のような非恩恵的「てもらう」は「＊そこに入ってもらって困った」という文では使えないもので、単純な述べ立て文とは言いがたい。述べ立て文というより、禁止という働きかけを意図しているように思われる。

(姫野)

⇒ 物理的な移動については第7課、働きかけ・受影的移動は第9課、ものの授受は第11課、迷惑受け身は第16課、「てくれませんか／もらえませんか」は第36課、「てください」は第37課参照。

第13課 │「てしまう」

1. これまで

「てしまう」は、動詞のテ形に補助動詞「しまう」が後接したもので、完了を表したり話し手の後悔や残念な気持ちを表したりする用法がある。どういう場合にどちらの用法になるかにはさまざまな要因があるが、基本的には「しまう」が後接する動詞の性質、特に意志性が関与すると言われる。

　　（1）今日中にレポートを書いてしまおう。
　　（2）お弁当を10分で食べてしまった。

(1)と(2)は「意志動詞（書く・食べる）＋てしまう」の例で、いずれも「書く」「食べる」という活動の完了というアスペクト的意味に解釈される。「てしまう」がコトの完了を表すのは動作主による意志的行為の場合である。(1)の「しまう」が意志形「しまおう」であることも「書いてしまう」の意志性を示唆する。

　ただし、「意志動詞＋しまう」が常に完了を意味するとは限らない。

　　（3）ダイエット中なのに、ケーキを3つも食べてしまった。

(2)と(3)の違いは、(3)の文脈からは、話し手の後悔の解釈が生じ、無意識ではないが「つい」「うっかり」という気持ちが含意されるという点にある。

　一方、(4)のような「無意志動詞＋しまう」の場合は動作主の意志的行為の完了ではなく、ある事態に対する話し手の評価、概して後悔などと解釈される。

　　（4）携帯電話をなくしてしまった。

(4)は、「なくす」という行為の完了ではなく、携帯電話を失ったことに対する後悔を表すとされる。

　以上のように、「てしまう」の解釈には、それが後接する動詞の意志性と文脈が完了か後悔かという解釈の決定に関わる。

　ちなみに、「てしまう」は、話し言葉では、「ちゃう・じゃう」、「ちゃった・じゃった」になることがあると説明される。

2. しかし

最近よく耳にする「ちゃう」の用法には、完了と後悔のいずれの解釈にも当たらないものがある。

（５）食べて**しまおう／ちゃおう**。
（６）食べて**しまった／ちゃった**。

（5）と（6）は「意志動詞（食べる）＋てしまう」で、（5）はさらに意志形を取るため完了を表すはずである。しかし「てしまう」と「ちゃう」には使用場面に違いがあるようだ。例えば、「食べてしまおう」は「残さないですべてを食べる」というときに、一方「食べちゃおう」は「食べてしまおう」と同様のときにも、また「友人を待たないで先に食べはじめる」というようなときにも発話される。（6）の過去形の場合も「きれいに最後まで食べた」という場合は「食べてしまった」が、つまみ食いをしようとしているのを見ていて「あっ、食べた（口にした）」という場合には「食べちゃった」が選択され、後者の場合は発言後も食べ続けていても問題はないようであり、完了とは言いにくい。「ちゃう」は「てしまう」の単なる短縮形ではなく、表す意味が異なるのではないだろうか。

3. 実は

● 3–1　限界動詞と非限界動詞

動詞は、それ自体に終了限界が内在するかどうかにより ① 限界動詞と ② 非限界動詞に分類される。① の限界動詞には、主体変化動詞（倒れる、死ぬ）と主体動作・客体変化動詞（倒す、殺す）が含まれ、その終了限界を超えなければ運動が達成されたことにならない。例えば「木が倒れる」、「木を倒す」はともに木が倒れた状態になってはじめて運動が達成されたことになる。それに対し ② の非限界動詞は主体動作動詞（歩く、見る）であり、運動の達成の基準がない。非限界動詞は、（7）の下線部分のような動詞以外の成分により限界を定めることができる。

（７）<u>３km</u>／<u>３時間</u>／<u>１時から３時まで</u>／<u>東京から大阪まで</u>歩く。

ただ、非限界動詞は、限界を示す成分がない場合は「あっ歩いた」のように運動が始まることで運動が達成されたとみなされ、その後で歩き続けてい

てもよい。以上のことから、金水他 (2000) は、限界動詞はそれ自体終了限界を有するが、非限界動詞は外的に限界設定しない限り、終了限界を持ちえないとする。

● 3-2　動詞の限界性と「てしまう」

　金水他 (2000) は 3-1 の動詞に内在する時間性と関連づけて「てしまう」を分析する。補助動詞「しまう」は動詞に後接して限界をあえて乗り越えるという意味を付け加えると考え、「てしまう」は「する」の限界達成をさらに前景化 (際立たせる) する言語手段だとしている。

　限界動詞の場合は、もともとそれ自身に限界を達成する意味が含意されているのだから、「しまう」を付加することによって、限界達成の意味が強調されることになるという。下記 (8) (9) は限界動詞の例である。

　（8）　木が倒れた／倒れてしまった／倒れちゃった。
　（9）　木を倒した／倒してしまった／倒しちゃった。

限界動詞には終了限界が内在するため、すべて動作の達成を表すことになる。それに「てしまう」をつけることにより、その終了限界の達成がさらに前景化され、終了時に焦点が当たることになる。

　下記 (10) (11) は非限界動詞の例である。

　（10）　あっ、歩いた／?歩いてしまった／歩いちゃった。
　（11）　駅まで歩いた／　歩いてしまった／歩いちゃった。

非限界動詞は、(10) のように外的限界設定がない場合、開始限界が前景化される。(10) は「赤ちゃんが歩き始めた」という場合で、外的限界設定がないため開始限界が際立つ。「ちゃった」により「最初の一歩」が前景化されることになる (「? 歩いてしまった」については3-3で述べる)。一方、(11) は「駅まで」により終了限界が示され、「てしまう／ちゃう」により終了限界が前景化されることになる。

● 3-3　「てしまう」と「ちゃう」

　「てしまう」は本質的に動作や変化の限界達成に注目させる言語形式であるが、「ちゃう」が「てしまう」の単なる短縮形であるかどうかを考えてみたい。

(12)　最後まで／??思い切って飲んでしまおう。
(13)　?最後まで／　思い切って飲んじゃおう。
(14)　最後まで／??思い切って飲んでしまった。
(15)　?最後まで／　思い切って飲んじゃった。

　「最後まで」と「思い切って」は、それぞれ終了限界と開始限界を示唆する表現であるが、「しまう」と「ちゃう」では、適切性判断に違いがあると思われる。「飲んでしまおう」は「最後まで」と共起しやすく、「飲む」という動作を完結させるという話し手の意志が感じられるのに対し、「飲んじゃおう」は、「思い切って」と共起しやすく、「飲む」という行動に着手するという話し手の意志が感じられる。「てしまう」と「ちゃう」は異なる役割を担っていると考えられる。
　「ちゃう」は「てしまう」の音声的短縮だが、その過程で「しまう」の担う完結の意味が薄れ、「しまう」に当たっていた焦点が前方にずれて「飲む」という動詞自体に移動したと考えてはどうだろうか。つまり「てしまう」は、終着点を見すえた発言となって終了限界の強調の役割を担うのに対して、「ちゃう」は「てしまう」の語彙的意味が希薄化した結果、結果的に後接する動詞の意味を前景化することになり、開始限界の強調の役割を担うのではないかと思われる。
　(16)のように「食べる」ことを促す場合、「しまう」が不自然であるのは、(16)が開始限界に焦点を当てるべき文脈だからであろう。

(16)　食べ?てしまったら／ちゃったら。

　また、限界動詞には終了限界があるが、(17)(18)で、完了の意味が弱化した「ちゃう」のほうが「てしまう」よりすわりがよいのは、「ちゃう」の選択により終了限界の前景化の重複が避けられるからではないかと考える。

(17)　電気が?ついてしまった／ついちゃった。
(18)　自分で?作ってしまったら／作っちゃったら。

4. さらに

　「ちゃう」は、(19)のように名詞を修飾したり、(20)(21)のように誰かの属性を表したりする場合に使われることが多い。

(19) 笑えちゃう／泣けちゃう映画
(20) あの人、笑っちゃう／困っちゃう。
(21) あの先生の授業、寝ちゃうよね。

「笑えちゃう」「泣けちゃう」「笑っちゃう」「困っちゃう」「寝ちゃう」は、人やモノの大きさなどの属性と異なり、これらの非限界動詞の開始限界を際立たせたものであり、したがって、ある人の行動や性状が話し手の笑いや眠気の誘引となりうるような性質を持っているという、話し手の評価の表出となると考える。このような「ちゃう」の使用は若者言葉に多く観察されるが、話し手の内部に引き起こされる感情や感覚の印象を直に述べており、感覚的で生き生きとしたものが伝わってくる。

(足立)

第14課 | 「もう／まだ」

1. これまで

　以下のような「もう」と「まだ」の使い分けは、アスペクトと関連させて分析されることが多い。(1)は明日が提出の締切である宿題についての会話である。

　（１）A：明日の宿題、やった？
　　　　B：a．うん、やった。
　　　　　：b．うん、もうやった。
　　　　C：a．いや、やってない。
　　　　　：b．いや、まだやってない。

(1Bb)の「もう」も(1Cb)の「まだ」も任意の要素であり、それらがない(1Ba)と(1Ca)もAの問に対する適切な回答である。(1Ba)も(1Bb)もともに、発話時点で宿題が完成していることを表すが、「もう」はその作業の完了の意味をさらに際立たせているように解釈できる。同様に、(1Ca)と(1Cb)は、発話時点で宿題が未完成であることを表すが、「まだ」はその未完了の意味を際立たせていると解釈できる。つまり、「もう」と「まだ」は、ある事態の完了・未完了を表す副詞としてふるまう。
　「もう」と「まだ」が完了・未完了の意味を際立たせ、単に過去の出来事の成立・不成立を問題にするのではないことは、(2)の「もう」と「まだ」の使用が不自然であることからもわかる。

　（２）［夕方、帰宅してから］
　　　　A：昼ご飯、食べた？
　　　　B：a．　うん、食べた。
　　　　　：b．??うん、もう食べた。
　　　　C：a．　いや、食べなかった。
　　　　　：b．??いや、まだ食べなかった。

　(1)の「宿題をすること」も(2)の「昼ご飯を食べること」も、ともに発話現在から見ると過去の出来事である。(1)では、話し手が想定する参照点があり、当該の出来事が参照点までに過ぎ去っているかどうかが際立ちの焦

点となる。過ぎ去っていれば「もう」を、過ぎ去っていなければ「まだ」を使うと解釈できる。参照点は、発話の時点である。一方、(2)では、常識的に言って、会話の時点（夕方）では、昼食は参照点に照らすまでもなく過去の出来事とみなされるため、(1)と同様の解釈が成り立ちにくい。

確かに、(1)と(2)を見る限りでは、「もう」は完了の、「まだ」は未完了のアスペクトを表示する副詞のようにふるまう。

2. しかし

「もう」と「まだ」には、(3)のような使い方もある。(3)は、雨天の日の会話である。

（3）A: 雨降ってる？
　　　B: うん、**まだ降ってる**。
　　　C: いや、**もう降ってない**。

また、雨が上がった空を見上げている状況では、(4)が可能である。

（4）A: また降るかな。
　　　B: いや、**もう降らない／降らない**。

(3B)の「まだ」には、発話時を参照点として「雨が降る」ことがそれまでに完結していないとする「未完了」の意味解釈が当たらない。また、同様に、(3C)と(4B)の「もう」には、ある出来事が参照点までに完結したとする「完了」の意味解釈が当たらない。そもそも(4)は過ぎ去った出来事についての会話ではない。

この「もう」「まだ」のそれぞれ2通りのふるまいをどのように説明すればよいだろうか。「もう」「まだ」の統一的な説明とはどのようなものであろうか。

「もう」「まだ」を「変化の有無」や「事態の実現の有無」の標識とする分析がある。この分析では、「もう」は「変化が起こったこと」を、「まだ」は「変化が起こっていないこと」を示すとする。確かに、(1Bb)は、「宿題の完成」という変化が起こったという解釈が可能で、(1Cb)は「宿題の完成」という変化が起こっていないと解釈することができる。同様に、(3C)は「雨がやむ」という変化が起こった、(3B)は「雨がやむ」という変化が起こっていないと解釈することができる。

しかし、「変化の有無」や「事態の実現の有無」という基準は（2Bb）と（2Cb）がなぜ不自然であるのかを説明することはできない。

3. 実は

上記のような「もう」と「まだ」の使用は、時間軸に沿った複数の事態の連鎖があり、事態と事態の間には境界があるという話し手の想定が前提となる。話し手は、連鎖上のある事態が進行し、次の事態への境界を超えたと認識した場合は「もう」を、境界を超えたと認識されていなければ「まだ」を選択する。「もう」は〈境界を超えた〉という認識の言語標識であり、「まだ」は〈想定される境界に未到達〉という認識の言語標識である。

例えば、桜の開花状況を時間軸上で捉えると、次のような一連の発話が可能である（―は事態の境界、↓は時間の流れを示す）。

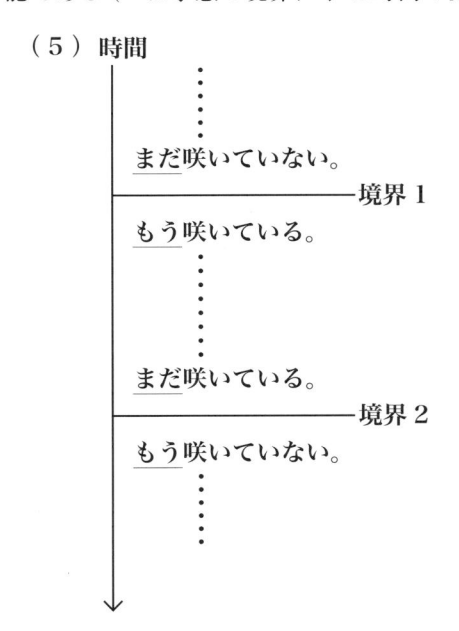

（5）時間

```
      ┆
      ┆
  まだ咲いていない。
──────────────── 境界1
  もう咲いている。
      ┆
      ┆
  まだ咲いている。
──────────────── 境界2
  もう咲いていない。
      ┆
      ┆
      ↓
```

桜の開花から散るまでのプロセスを事態の連続と捉え、事態間には境界があり、話し手がその境界を超えたと認識すると「もう」の使用が可能になる。想定される境界に未到達であれば「まだ」の使用が可能である。

現代共通語では、現在完了の否定は「まだ〜ていない」で表すのが普通で

あると記述されることがある。例えば、昼食をとったかとらなかったかを問う場合には、その発話の時間が問題となる。昼食の常識的な時間帯、つまり、昼食前後の事態が想定されうる時点での会話であれば、(6)が可能である。

（6）［昼時に］
　　A1：昼ご飯、もう食べた？
　　B1：いや、まだ食べていない。
　　A2：じゃあ、今、食べる？
　　B2：いや、まだ食べない。

(6A1)は「もう」を伴って昼食後かどうかを問い、(6B1)は「まだ〜ていない」の形式で〈境界に未到達である〉こと表明する。続けて(6A2)がBにその時点で〈境界を超える〉意志があるかどうかを問い、(6B2)は「まだ〜ない」の形式で、その時点では〈境界を超える〉意志がないことを伝える。ただし、(6B2)に「まだ」があることで、Bが今すぐにではなくとも、時間軸上に事態の境界を想定していることがわかる。もし、(6B2)が「まだ」を伴わず「いや、食べない」であれば、Bにはそもそも昼食をとる意志がないということになる。一方、前述の例(2)は、会話時点が夕方で、昼食をとる常識的な時間帯ではない。そのため、発話時に昼食前後の事態連鎖を想定することが難しく、「もう」と「まだ」の使用が不自然になる。

4. さらに

　話し手が想定する事態の連鎖は、上述のような時間軸に沿ったものに限るわけではない。例(7)と(8)は、事態の連鎖を時間軸ではなく質量の軸上に想定した場合の例である。

（7）［積み木を積み上げるゲームでの内言］
　　まだ積めるかな？　まだ大丈夫。もうだめかな？
　　あ、ここまで！
（8）A1：もう少しいかがですか。
　　B1：いや、もうたくさんいただきました。
　　A2：いやあ、まだまだ。
　　B2：そうですか。では、もう少し。

(7)は想定される量的な〈境界〉の直前で積み上げ作業をやめている。(8B1)

は、量的な〈境界を超えた〉という認識を表示するが、(8A2)は〈想定される境界に未到達である〉と述べることで、直前のBの認識を共有できないことを表す。

　次の例が示すように、特に想定される質量の軸上では、事態間の〈境界〉とその認識は個々の話し手の事態把握によるもので、普遍的、一般的なものではない。

　（９）a.『もう29歳、まだ29歳』（文庫本タイトル）
　　　　b. 中学生はもう大人か、まだ子どもか。
　　　　c.「もうはまだなり、まだはもうなり」（株売買のタイミング）

(9a)と(9b)は、ある年齢を若いと見るかどうかはその人の考え方次第であるということ、(9c)は、株の底値になったと思える時には、もっと下がるのではないかと一応は考えてみるように、また反対に、もっと下がるかもしれないと思える時には、それが最低値かもしれないと考えてみるようにという教えだという。事態の連続体とその境界認識には話し手の主観的な事態把握が映し出される。例えば、水差しに水を入れて半分ほど入った時点で「もう半分入った」と言うか「まだ半分だ」と言うかは個々の話し手の事態の捉え方による。

　以上のように「もう」「まだ」の使用には、時間軸上の事態の連鎖あるいは質量の連続体の想定を前提にした、話し手による〈境界〉に関わる事態把握が関わっている。

（近藤）

第15課 「したところだ／したばかりだ」

1. これまで

「したところだ」と「したばかりだ」の違いはどのようなものであろうか。

（１）　A：　いつ帰ったの？
　　　　B：　今<u>帰ったところだ</u>。
　　　　C：　今<u>帰ったばかりだ</u>。

(1A) への返答として (1B) も (1C) も可能である。次の例も同様で、この2つの形式には互換性がありそうに見える。

（２）　今<u>着いたところで</u>、まだご挨拶していません。
（３）　今<u>着いたばかりで</u>、まだご挨拶していません。

まず、「ところだ」は、場所を表す名詞「所・処」の語彙的意味が弱化して形式名詞「ところ」となり、判定詞「だ」がついてひとまとまりの文末形式となったものである。文末形式「ところだ」は、動詞について、動き・変化のアスペクトを表す形式と分析される。(4) は辞書形に、(5) はテイル形に、(6) はタ形に接続し、それぞれ、動き・変化の直前、継続、直後を表す。

（４）　手紙を書く<u>ところだ</u>。
（５）　手紙を書いている<u>ところだ</u>。
（６）　手紙を書いた<u>ところだ</u>。

一方、「ばかりだ」は、動詞「計る」の連用形「はかり」から転成した形式名詞「ばかり」に「だ」が後接して「ばかりだ」の形で文末形式化したものである。「ばかり」には、(7) のように数量表現について分量や時間などの大よその見積もりを表したり、(8)(9) のように、名詞や用言についてある事態をそれと限定したりする、いわゆるとりたての働きがある。また、(10) のように動詞のタ形につくと、何らかの動きや変化が完了して間がないことを表す。

（７）　会議は社員が20人<u>ばかり</u>出席し、2時間<u>ばかり</u>で終わった。
（８）　うちの子はお菓子<u>ばかり</u>食べている。

（9）その子どもは泣いてばかりいる。
（10）手紙を書いたばかりだ。

「ところだ」と「ばかりだ」の意味が接近するのは、両者が動詞のタ形に後接した場合である。

2. しかし

「したところだ」が表す"動きの直後"と「したばかりだ」が表す"動きの完了から間がないこと"は、互換性があると言えるだろうか。(11)と(12)は電話の会話である。(11)は待ち合わせ時刻に遅刻した友人とのやり取りである。

（11）A：もしもし、どうしたの？
　　　B：a.　バスを降りたところ。すぐ行くから、待ってて。
　　　　：b. ??バスを降りたばかり。すぐ行くから、待ってて。
（12）A：もしもし、今忙しい？
　　　B：a.　一息ついたところだ。
　　　　：b. ??一息ついたばかりだ。

(11)と(12)のAの質問への返答に、動きの直後を表す「したところだ」は自然だが、動きの完了から間がないという意味を表す「したばかりだ」は自然に聞こえない。この違いは何によるものだろうか。

3. 実は

● 3-1　したところだ：〈出来事の完了〉

「ところだ」の「ところ」は、語彙的意味である物理的場所から拡張して動きの局面や事態を表す。「ところだ」は、変化や動きを連続した一連の動きと捉え、その動きの一断面をビデオの一時停止のような静止画像として切り取る機能がある。動きが複数の連続した画像として捉えられる。

「ところだ」による動きの切り取り方は、ある動きに入ろうとしている場面なら「するところだ」、動きの途中の一場面なら「しているところだ」、動き終わった場面なら「したところだ」となる。「ところだ」によって切り取られた場面は、それが一部である動きの連続体を前提とし、当然、その前後の場

面の存在が暗示される。
　したがって、「したところだ」は動きの直後を表すが、直後の時刻ではなく、出来事が完了した場面を表す。名詞「所・処」の語彙的意味が保持されていると言ってよい。バスを降りた、まさにその場面を静止画像として切り取って、会話の参照点で聞き手に提示する。

● 3-2　したばかりだ：〈話し手の評価〉
　一方、「ばかり」には、上述したように、ある事態の程度を限定する機能があり、「それ以上にならない（それにすぎない）」あるいは「ただそれだけで、他に何もありはしない」などの意味も表しうる。「したばかりだ」では、話し手が、動きが完了してから会話の参照点までの時間経過を限定的に捉え、それを短いと判断したことを表す。

● 3-3　「したところだ」と「したばかりだ」の接近
　「したところだ」は、動きの連続体を前提とした出来事の完了場面を、「したばかりだ」は、出来事の完了から会話の参照点までの時間経過の短さについての話し手による判断を表す。この違いが、(11) (12) の違いをもたらす。(11) の A の応答として「したところだ」が適切なのは、話し手 B は「バスを降りた」場面にいて、すでに待ち合わせ場所に到着して話し手 B を待っている A に、それが前提とする動きの連続体の次の場面、すなわち、待ち合わせの場所への移動を暗示することによる。一方「したばかりだ」は、バスを降りてから参照点までに間がないという話し手の判断を表すにすぎず、その直後に期待される移動が示唆されないため、待ち合わせ時刻を過ぎて B を待っている A への返答として不適切に感じられるのである。
　同様に、(12) の A の応答として、「したところだ」からは、話し手が忙しさから解放された場面にあり、その次の場面への移動の意志が暗示される。一方、「したばかりだ」からは、忙しさから解放されて間がない、休養期間が短いという、話し手の判断が強調されるだけで、次の動きへの意志は示唆されず、まだ休み足りないという話し手の不満さえ感じられる。(12) に続く A の返答はそれぞれ (13) と (14) のようなものになるだろう。A の電話を歓迎しないのであれば、「したばかりだ」には電話をしたことを A に後悔させる効果があるとも言える。

　(13) A: もしもし、今忙しい？

B: 一息ついたところだ。
A: じゃあ、ちょっと話してもいい？
(14) A: もしもし、今忙しい？
B: ??一息ついたばかりだ。
A: ごめん。あとでかけなおす。

互換性がありそうな (2) と (3) の本質的な違いも同様のものであろう。

（２）今着いたところで、まだご挨拶していません。
（３）今着いたばかりで、まだご挨拶していません。

(2) の話し手には、到着した場面にいて、挨拶の場面へと移動する意志が感じられるが、(3) の話し手は、到着から会話の参照点（イマ・ココ）までの時間の短さを強調するのみで、次の場面への意志は示唆されず、話し手がまだ挨拶をしていないことへの弁明とも解釈できる。

4. さらに

「したばかりだ」の使用で、話し手は完了時点から参照点までの時間経過を厳密に捉えているのではない。

（15）先週、海外出張から帰ったばかりだ／?ところだ。
（16）娘は、先月、留学先から帰国したばかりだ／??ところだ。
（17）息子は、昨年、就職したばかりだ／??ところだ。

「したばかりだ」が何かの動きの直後から参照点（イマ・ココ）までの時間経過の短さを厳密な意味で捉えているのであれば、「今」や「さっき」「少し前」などの時の表現と共起するのはともかく、明らかな過去の時点を表す「先週、先月、昨年」などと共起するとは考えにくい。しかし、(15)(16)(17)が示すように、「したばかりだ」は、あきらかに過去を表す時の表現とも共起する。「したばかりだ」の使用には、出来事の完了した時点から参照点までに経過した時間を話し手がどのように把握しているかが関わる。話し手がその経過時間を短いと評価している限り、(15) の「先週」から参照点までの１週間も、(16) の「先月」から参照点までの１か月も、さらには (17) の「昨年」から参照点までの１年も、話し手にとって「短い経過時間」の許容範囲となる。それに対して、(15)(16)(17) で「したところだ」が自然さを欠くのは、

切り取られた過去の完了場面と参照点であるイマ・ココとの時間的乖離によるもので、その2つの時点の距離が広がるほど容認度が下がる。

　「したところだ」は、動きの連続体を前提にした動きの完了場面を切り取って提示する機能があり、「したばかりだ」は、動きの完了から参照点までの経過時間を短いと評価した話し手の事態把握を表す機能がある。
　　　　　　　　　　　　　　　　　　　　　　　　　　　　　　（近藤）
⇒ とりたて助詞としての「ばかり」については第24課参照。

第3章
現場性

第16課　迷惑受け身
第17課　可能
第18課　「見える／聞こえる」
第19課　「する／なる」
第20課　無助詞
第21課　事態まるごと

第16課 ｜ 迷惑受け身

1. これまで

　日本語の受け身には、英語と同じような直接受け身文に加えて、英語にはない、間接受け身文と呼ばれる受け身があり、いわゆる自動詞も受け身で使われることが知られている。

　（１）　昨日の花見は、雨に降られて散々だった。
　（２）　子どもを抱こうとしたら、泣かれた。

(1) は、折角の花見が雨が降ったために中止になり、それを表現主体が好ましく思っていない状況、また (2) は、子どもを抱いてあやそうとしたら、子どもがいやがって泣き出したという状況で使われている。

　(1) の「雨に降られた」は、傘を持たずに出かけたときに雨が降って困ったり、運動会を楽しみにしていたら、雨が降って運動会が中止になったりといった状況で使われる。(2) の「泣かれた」も、誰かの言動を注意したら泣きだしたときなどにも使われる。いずれも、受け身を使うことで、話し手は、ある事態から何らかの否定的な影響を被ったことを伝えることができる。

　また、次のように、持ち主と持ち物、全体と一部の関係が関わる事態を受け身で表現することもよく指摘される。

　（３）　満員電車でギューギュー押されて、足を踏まれた。
　（４）　繁華街で財布を盗まれた。

(3) と (4) を英語の "Someone stepped on my foot." や、"Someone stole my wallet." のように「誰かが私の足を踏んだ」「誰かが私の財布を盗んだ」などと事態を客観的に描写するのではなく、(3) は満員電車での災難を、(4) は繁華街での盗難という、話し手自身が体験した事態をいわば被害者として述べている。叙述の対象となる事態は「誰かが話し手の足を踏んだ」「誰かが話し手の財布を盗んだ」という過去の事態である。他動詞「踏む」と「盗む」の直接的な働きかけの受け手は「足」と「財布」だが、その事態から、それらの「持ち主」である話し手が間接的に影響を被ったことが表される。このような受け身は「持ち主の受け身」と呼ばれることがある。「私（体験者）」（第2課）で見たように、身体部位や持ち物などの持ち主としての「私の」はゼロ

化される傾向にある。それと同様に、日本語の受け身文では、話し手（〈私〉）は、言語化されていなくても、ある事態がその事態の当事者である話し手（〈私〉）を何らかの都合の悪いマイナスの状況へと導いたと把握したことを表している。

2. しかし

　直接受け身文には話し手の被害の意識が感じ取れないかというとそうではない。例えば、「呼ぶ」や「見る」のように、それ自体プラス・マイナスの評価的な意味を持たない他動詞の場合も、直接受け身の（5）（6）からは、その事態が話し手にとって好ましくないことであるという意味合いが感じ取れる。

　（5）授業のあとで先生に呼ばれた。
　（6）昨日彼女と歩いていたら、友だちに見られた。

　また、日本語では、話し手が他動詞の働きかけの受け手として事態の当事者になる場合には、動作主寄りの能動的な描写は好まれない。例えば、能動文の（7a）（8a）（9a）ではなく直接受け身文の（7b）（8b）（9b）が用いられる。

　（7）a. 先生が私を褒めました。
　　　　b. 先生に褒められました。
　（8）a. 友だちが私をパーティに招待しました。
　　　　b. 友だちにパーティに招待されました。
　（9）a. 父が私を叱りました。
　　　　b. 父に叱られました。

「褒める」や「招待する」のように基本的に恩恵的な事態を示唆する他動詞の場合も（10）や（11）のように話し手のマイナスの評価を表しうる。

　（10）下手なスピーチを褒められた。
　（11）元カレの結婚式に招待された。

　直接受け身でも、状況によっては、間接受け身同様、話し手の内面のマイナスの情意変化を表すことがある。

3. 実は

● 3-1　受け身文に現れる話し手の主観的把握

「私（原点）」（第1課）と「私（体験者）」（第2課）で、話し手は、言語化に先立って発話対象の事態を認識し、その捉え方を選ぶが、日本語母語話者は発話のイマ・ココに立脚し主観的把握を好むということを述べた。日本語は、イマ・ココに密着した話し手中心の事態把握を表す傾向が強く、受け身も日本語母語話者の事態把握を表す言語形式の1つである。直接受け身の (7b) (8b) (9b) も間接受け身の (1) から (4) も、いずれも話し手がその事態を自分自身に関連づけて把握したことの言語標識だということができる。ただし、(7)(8)(9) のように話し手自身が事態を受ける当事者の場合は、事態把握に関する文法的な制約により、受け身文の使用が好まれる。

話し手は自分以外の誰かに共感しその人に自らを重ねて受け身文で表現することはあるが、日本語の受け身文は、直接であれ、間接であれ、基本的には、ある事態によって話し手の内に生じた何らかの情意変化を表すものと考えてよい。直接的であれ、間接的であれ、話し手の内に生じた情意がプラスかマイナスかを決定するのは、その事態のあり方、つまり文脈ということになる。ある事態と話し手との関わりが間接的であればあるほど、話し手がその事態を受け身文で表現するに値する影響は否定的な傾向を強くする。間接受け身が一般的にマイナスの情意を表すのはそのためである。

● 3-2　従属節での受け身文の使用

話し手の情意を表すことを基本とする間接受け身文や持ち主の受け身文は、実際には (2)(3)(4) のような主節の述語としての言い切りの形で使われるより、主節が表す情意の原因や理由を表す従属節や副詞節に現れることが多い。

（1）　昨日の花見は、雨に降られて散々だった。
（12）　子どもにへんなところだけ似られちゃってまいった。
（13）　あんなところで寝られちゃ困る。
（14）　店の入口に座りこまれては迷惑だ。
（15）　子どもに泣かれてから接し方を変えようと思った。
（16）　箸の上げ下ろしまで注意されて気分が悪い。
（17）　授業参観で先生にわが子を褒められて内心うれしかった。
（18）　下手なスピーチをみんなに褒められて穴があったら入りたかった。

(19) ラップの空き箱で作った電車は壊れてもすぐ作り直せるので、激しく<u>遊ばれても</u> OK です。(通販カタログ)

また、次のように連体修飾節内に使われる例もよく見られる。

(20) 自殺の問題は、当人だけの問題でなく、<u>自殺された</u>周りの人々の心にも深い傷を負わせるものである。(学生のレポート)
(21) <u>竜馬に死なれた</u>あとのお龍は…
(22) <u>ヒーローに死なれた</u>少年たちは…

これらの受け身は、話し手の情意を表すというより、従属節と主節の視点を統一するための構文的な制約によるものである。

4. さらに

間接受け身の使用については世代間に意識の差があるようである。筆者らは日中対照言語調査を行った(近藤他2010)。その結果から見えてきたのは、間接受け身が予想される文脈での能動文や「てくる」の使用だった。この調査では、日本語母語の大学生に、警察官が誰かに写真を見せながら質問をしているイラスト(23)を見て、警察官の質問を受けた当事者となってその経験を述べる文を完成してもらった。

(23) 調査項目のイラストと回答欄

回答： 昨日、<ruby>警官<rt>けいかん</rt></ruby>（　　　　）写真（　　　）（　　　　　　　）て、
「この人を知っているか」と（　　　　　　　　）。

予想した母語話者の回答は、「昨日、<u>警官に写真を見せられて</u>、「この人を知っているか」と<u>聞かれた</u>」という文で、受け身文の選択を想定した。しかし、結果は予想に反したものだった。「〜に見せられる」は 50% と多かったものの、「〜が見せる」が 40%、また「〜が見せてくる」も 5% 強あった。また、

「聞かれた」は60%ほどと多かったが、「聞いてくる」が30%ほど、「聞いた」も10%ほどあった。若い世代には、日本語の特徴として論じられることが多い主観的、情意的な事態把握の言語形式である間接受け身の使用域に、受影的移動の「てくる」や能動態の文が入り込んできているらしいことがわかった。日本語母語話者の事態把握は、一般に論じられている主観的なものからより客観的なものへと変化しているようである。

（近藤）

⇒「てくる」については第9課参照。

第 17 課 ｜ 可能

1. これまで

　「可能」というのは「できる」を意味する。「やればできる」「やろうとすればできる」は「あなたは力があるので、実行すれば実現する」ということや「する環境は整っているので、実行すれば実現する」ということを表している。以下、動詞の可能形を、動詞の語幹に接辞「れる／られる」がついたものとし、「する」の可能形に相当する動詞を「できる」とする。

　（１）a. 田中さん<u>が</u>／<u>は</u>英語<u>を</u>話します。
　　　　b. 田中さん<u>に</u>／<u>には</u>英語<u>が</u>話せます。
　（２）a. 電車の中ではたばこ<u>を</u>吸いません。
　　　　b. 電車の中ではたばこ<u>が</u>吸えません。

(1a)(2a) の能動文から、(1b)(2b) の可能文にする場合には、上記のように助詞の交替（対象の「を」→「が」、行為者の「が」→ 体験者の「に」）が見られることから、能動態、受動態、自発態などとともにヴォイス（態）の１つと位置づけられる。

　「可能」というのは、何かをしようとするとき、それを妨げるものがないということを表すものであるため、可能態をとることのできる動詞は、意志的な動作を表すものでなければならない。(3)(4) の「生まれる」「降る」は意志動詞でないため不可となる。

　（３）＊赤ちゃんが<u>生まれられる</u>。
　（４）＊雨が<u>降れる</u>。

　また可能を表す形式には、可能形のほかに、「動詞＋得る」や「動詞＋ことができる」などがある。

2. しかし

　能力や状態を表す可能表現は、状態を表す動詞（ある、要るなど）と同じように形容詞的な性質を帯びるため、継続を表す「ている」をとることができない。

(5) ＊花子は、アメリカで育ったので、英語が話せている。

しかし次のような場合はなぜ「ている」をとることができるのだろうか。

(6) この絵、なかなかよく描けている。
(7) この写真、あまりうまく撮れていない。

3. 実は

● 3-1 潜在的な可能性

益岡(2007)は、「可能表現が表す可能の意味には、大きく分けて2つあり、事態生起の潜在的な可能性を表す場合と潜在的な可能性が特定の時空間に顕在化したことを表す場合がある」という。

(8) 花子はパンが作れる。
(9) 銀行でお金が借りられる。

(8)は花子がパンを作る技術を持っていること(能力可能)、(9)は借りようとすれば銀行で借りられること(状況可能)を表すが、これらはそれぞれ実現の可能性を秘めているという意味で、「事態が出来する」以前の状態を指す。

つまり「能力可能」と「状況可能」の「潜在的な可能性」は、内に潜んでいてまだ表に出ていない可能のことである。

以下の可能表現のタ形も、過去のある時点において実現の可能性を秘めていたということを表す。

(10) 佐藤さんは、あの頃、フランス語が話せた。
(11) 当時の会議では、フランス語が話せた。

(10)はあの頃佐藤さんにはフランス語を話す能力があったということ、(11)は当時会議でフランス語が使える状況があったということを表す。(10)(11)の可能表現のタ形は過去の「潜在的可能性」(「能力可能」「状況可能」)を表し、今はその状態でないことを暗示している。

またこの可能表現のタ形は、次のようにも解釈できる。

(12) 太郎は、あの時、プロポーズできた。
(13) 花子は、十分逃げられた。

(12)(13)はそれぞれ「プロポーズする」、「逃げる」機会があったのに、それ

をしなかったということである。実現する可能性があったが、実際には事態が実現しなかったことを表している。反実仮想の表現となる。その「可能性」を含意することから、次のように言い換えられる。

(14) 太郎は、あの時、プロポーズできたかもしれない。
(15) 花子は、十分逃げられたかもしれない。

● 3-2　可能性の顕在化

3-1で述べたような「潜在的な可能性」に対し、「潜在的な可能性の顕在化」は何をどう表すのであろうか。次にこれについて考える。
(16)(17)は可能表現のル形である。

(16) 佐藤さんはフランス語が話せる。(「能力可能」)
(17) 会議ではフランス語が話せる。(「状況可能」)

(16)は、佐藤さんに「フランス語を話す能力」があることを表し、(17)は、会議で「フランス語を使う状況」が存在することを表す。
次の(18)(19)は、上記の例のタ形である。

(18) 思ったよりうまくフランス語が話せた。(「能力可能」)
(19) 通訳がいたのでフランス語が話せた。(「状況可能」)

(18)は、「フランス語の能力」が実際の場面で発揮されたことを表し、(19)は、「通訳の存在」という「状況の完備」によって、フランス語での発言が実現したことを表す。
(18)は(16)の「能力可能」に、(19)は(17)の「状況可能」に対応しており、(16)(17)の潜在的な可能性が、(18)(19)の具体的な場面で顕在化したことになる。
このようにル形は実現以前の状態を、タ形は当該事態の実現を表すことがある。
前述の 2. の例をここで考えたい。

(6) この絵、なかなかよく描けている。
(7) この写真、あまりうまく撮れていない。

(6)(7)は、出来あがった絵や写真を目の前にしている場面である。可能形に「ている」が後接した形が用いられているが、これは、潜在的な「可能の状

態」が特定の時空間で実現したため、「描けた」「撮れた」という「事態の実現」(事態の変化)があり、その結果の状態が継続していることを表している。変化の結果が現実に残存しているという結果継続の用法である。

(5)のように、主体について述べる場合はどうだろう。

(5) ＊花子はアメリカで育ったので、英語が話せている。

(5)が花子の潜在的な「能力可能」や「状況可能」を表す場合は「ている」は後接できないが、(20)(21)のように具体的な時空間で可能性が顕在化した場合は可能となる。(20)は、イマ・ココの状況の描写を表し、(21)は変化の結果の存続の用法である。

(20) あ、田中さん、今日は上手に英語が話せている。
(21) あの学生、テキストが読めている。

4. さらに

可能表現には可能形「れる／られる」のほかに「動詞＋ことができる」の形式がある。前者は動詞と可能の部分が融合し、後者は分離しているため、後者はさまざまな語句を介在させることができるなどの違いがあるが、両者は基本的に同じように使われる。

(22)は「能力可能」を表す。ル形が潜在的可能性を表し、タ形がその実現を表すのは、「することができる」も「れる／られる」も同じである。

(22) a. 花子は英語が話せる／話せた。
　　　b. 花子は英語を話すことができる／話すことができた。

(23a)はどちらかというと「能力可能」を表し、(23b)は「状況可能」を表すと言える。

(23) a. ビールが飲めなくなった。
　　　b. ビールを飲むことができなくなった。

(24a)の「飲める」は、ビールの「品質がいい」という属性を表せるが、(24b)の「飲むことができる」にはその意味はなく、「このビールは、私たちの分だから」というような「状況可能」を表している。

(24) a. このビールは飲める。

b. ＃このビールは飲むことができる。

　可能表現の用法にはいろいろある。(25) のように人やものの評価や属性を表すのに使われることが多い。

(25) a. 今度の新入社員、よくできる。
　　 b. このカメラ、よく撮れる。
　　 c. この日本酒はなかなか行ける。

また (26) の依頼表現は、可能形を用いて話し手が相手の好意による恩恵を受けられるかを問うことになる。

(26) a. お時間をいただけますか。
　　 b. バターを取っていただけますか。

(27) は規則や禁止を表すのに、「状況可能」を用いて、不可抗力であるかのように表現することで、強制や威圧感を避けている。

(27) a. 二十歳未満はお酒が飲めません。
　　 b. この道は通れません。

(足立)

第18課 | 「見える／聞こえる」

1. これまで

　「見える」「聞こえる」は、他動詞「見る」「聞く」の自発態と言われたり、自発性の意味を持つ自動詞（自発動詞）と分類されたりする。「自発」とは自然とそうなるという意味で、(1)(2)のように「見える」「聞こえる」はものや音が自然に目や耳に入ってくるということを表す。

　（１）　あ、スカイツリーが見える。
　（２）　おや、虫の音が聞こえる。

また自発動詞「見える」「聞こえる」、可能形「見られる」「聞ける」、受け身形「見られる」「聞かれる」はいろいろな部分で連続していて、「見える」「聞こえる」には可能や受け身の意味も含まれる。

　（３）　今帰れば、ドラマが*見える／見られる。
　（４）　あの歌手が来日するので、生の声が*聞こえる／聞ける。

(3)(4)では、自発動詞でなく可能形が適切となる。両者のもつ「可能」の意味の違いについて寺村(1986)は、自発表現が、発話の場・時点で、具体的にあるものが視覚・聴覚によって捉えることが可能か否かということであるのに対し、可能表現は一般にこのような可能な状態が、発話の場を離れて存在するということであると言う。

　(5)は自発動詞と受け身形の場合である。

　（５）　立話が誰かに聞こえた／聞かれたらしい。

この場合は自発動詞・受け身形ともに適切となる。自発動詞と受け身形の違いについて寺村(1986)は、自発動詞が「無意識的な知覚」「自然に視覚、聴覚に映じた印象」を表し、受け身形は「意識的、主体的な認知、認識」を表していると言う。

　このように「見える」「聞こえる」は、イマ・ココの具体的かつ無意識の知覚であると言われる。

2. しかし

　雷の音を聞いて、相手に雷が鳴ったことを知っているかどうかを確かめるとき、(6)ではどちらを言うだろうか。

　(7) 雷の音、<u>聞いた</u>／<u>聞こえた</u>？

　「聞いた？」と言って確かめる場合は、自分は雷の音を聞いたような気がするが、相手も同じように聞いたのかどうかを確かめている。一方「聞こえた？」と言う場合は、自分は雷が鳴ったことを確信しているが、相手も知っているかどうかを確かめている。雷の音は突然のことであって聞こうと思って意識的に聞くわけではないから、「聞こえた？」のほうが適切かと思われるが「聞いた？」も言えるのはどうしてだろうか。

3. 実は

● 3-1 「見える／聞こえる」の基本的な意味

　「見える／聞こえる」は、「見る／聞く」とともに、知覚のうちの視覚と聴覚の営みを表す動詞である。

　(7) 私<u>が</u>それ<u>を</u><u>見る</u>／<u>聞く</u>。
　(8) 私<u>に</u>それ<u>が</u><u>見える</u>／<u>聞こえる</u>。

(7)(8)からわかるように、「見える／聞こえる」は「見る／聞く」と異なり、知覚主体が「が」格でなく「に」格で表され、また知覚対象は「を」格でなく「が」格で表される。小泉(1993)は、「に」格で表される知覚主体は動作主でありえず、知覚の「ありか」として捉えられた「経験者」(本書でいう「体験者」)であると言う。つまり「見る／聞く」は知覚主体が能動的に対象を捉える行為であるのに対し、「見える／聞こえる」は対象が知覚主体に到達して知覚主体が受ける受動的感覚である。

　(9) あっ、星が<u>見える</u>。
　(10) ［電話で］A：<u>聞こえます</u>？
　　　　　　　　　B：ええ、<u>聞こえます</u>。

(9)の「見える」は話し手「私」の知覚であり、「星が(今)私の目に映っている」ということを表す。(10)の質問文では、Aは「私の声があなたの耳に

届いていますか」と、聞き手の知覚による受信状態を問い、それに対してＢは「ええ、（私の耳に）届いています」と返事するのである。

(9)(10)に見るように、「見える／聞こえる」は話し手のみが感知できる感覚であり、1人称に限定される心理述語である。つまり「見える／聞こえる」の述べ立て文の知覚者は話し手であり、質問文の知覚者は聞き手となる。このため(9)(10)ともに話し手（私）や聞き手（あなた）を言語化する必要がなく、この「私」をことさら用いて「私には星が見える」と言うときは、私以外の者との対比を表したい場合である。

● 3-2 「見える／聞こえる」と「見えた／聞こえた」: 知覚対象

知覚者が知覚の現場で発話する場合の知覚対象について考える。

(11) 稲光が見える／見えた。
(12) 雷の音が聞こえる／聞こえた。

(11)の「見える」は稲光の反復動作（光る）が目に映っていることを表すのに対し、「見えた」は一瞬の稲光が眼に届いたことを表す。(12)も同様に、「聞こえる」は今まだ継続的に鳴っている「雷の音」が耳に届いていることを表し、「聞こえた」は鳴り続ける音ではなく一瞬の雷の音を耳に感じたことを表す。

「見えた／聞こえた」を知覚の現場で用いると、瞬間的な事態の経験を表し、対象は一瞬のうちに通り過ぎる景色や瞬時の音となる。他方、「見える／聞こえる」（ル形）は持続的な状態を表し、対象は経過する景色や持続する音である。そのため、(13)(14)のように、一瞬の光や音の場合「見える／聞こえる」（ル形）は不自然になる。

(13) 光がチラッと ?見える／見えた。
(14) 車がぶつかるドンという音が ?聞こえる／聞こえた。

(15)において、「見える」を用いれば、富士山は継続的に視界に入っている状態にあり、「見えた」ならすでに視界にない。

(15) ［電車の窓から外を見ながら］富士山が見える／見えた。

もちろん、知覚の現場を離れた後にその経験を語るのであれば、瞬間的な事態だけでなく、反復する動作や継続する事態についても「見えた／聞こえた」を用いることができる。

● 3-3 「見える／聞こえる」と「見る／聞く」：受信と行為

(16)(17)の「見える？／聞こえる？」と「見る？／聞く？」は、まったく異なる問いかけとなる。

(16) 夕日が<u>見える</u>／<u>を見る</u>？
(17) 音楽が<u>聞こえる</u>／<u>を聞く</u>？

「見える？／聞こえる？」は夕日や音楽が、今、相手の感覚器官（目・耳）に届いているかどうかを聞いているのに対し、「見る？／聞く？」は、相手に行為をする意志があるかどうかを聞いている。

(18) 夕日が<u>見えた</u>／<u>を見た</u>？
(19) 音楽が<u>聞こえた</u>／<u>を聞いた</u>？

(18)(19)では、「見えた？／聞こえた？」は夕日の映像や音楽の音が感覚器官に届いたかどうかの確認であり、どちらかと言うと、聞き手が予期していた刺激について用いられる。他方、「見た？／聞いた？」は聞き手に「見た／聞いた」の体験の有無を聞くことになるので、予期していなかった刺激について用いられやすい。

(20) 後ろから<u>見たら</u>、女性に<u>見えた</u>。
(21) <u>見た</u>けれど、<u>見えなかった</u>。
(22) <u>見えた</u>けれど、<u>見なかった</u>。

(20)〜(22)に示されるとおり、「見る」は行為に注目し、「見える」は映像の映りに関心がある。対象物が眼に映じる「見える」という状態は、眼を閉じない限り持続する。(21)は、「見る」行為を行っても、対象物が目に映じなかったことを表し、(22)では目に映るという状態は生じたが、「見る」という行為は行わなかったことを表す。

● 3-4 「見える／聞こえる」と属性

普通「視力」「聴力」というと、「英語が話せる／読める」のように自分の能力と思いがちであるが、日本語では(23)のように可能動詞「見られる／聞ける」ではなく「見える／聞こえる」が使われる。

(23) 年を取ると目が<u>見え</u>／＊見られなくなったり、耳が<u>聞こえ</u>／＊聞けなくなったり、本当に困ったものだ。

ここでは、「目・耳」という感覚器官が「が」格名詞となり、発話現場の知覚ではなく、属性として視力・聴力について述べている。(24)(25)は、さらに道具の属性の表現に拡張した例で、眼鏡やイヤホーンが、知覚対象をより良く感覚器官で受容するために有効だという意味となる。

(24) この眼鏡、よく見えます／＊見られます。
(25) このイヤホーン、よく聞こえます／＊聞けます。

4. さらに

(26)で、お父さんは知覚主体ではない。この絵に描かれている人物がお父さんとして聞き手の目に映っているかと聞いている。

(26) この絵、お父さんに見える？

このように「見える・聞こえる」は感覚器官が受信する映像や音であるため、「～のように見える」「～のように聞こえる」という形で表現されることが多い。

(27) 屋上から見ると、車が蟻のように見える。
(28) あの2人が話していると、けんかをしているように聞こえる。

(足立)

⇒ 私(体験者)については第2課、「ように」は第34課参照。

第19課 | 「する／なる」

1. これまで

　英語は「する言語」で、日本語は「なる言語」だと言われることがある。この違いには、話し手がある事態をどのように捉えるかという事態把握（第1課）が関わる。池上（1981）は、話し手の事態把握は大きく2通りあるという。1つは〈個体〉＝〈もの〉中心的な事態把握で、もう1つは〈出来事全体〉＝〈こと〉中心的な事態把握である。事態把握に基づいて言語を類型化すると、前者を「する言語」、後者を「なる言語」と呼ぶことができる。そして、英語は「する言語」の典型であり、日本語は「なる言語」である。

　例えば「春の訪れ」の言語化をみると、英語表現（1）では「春」の動作として把握されているが、日本語表現（2）では「春」という状態に「なった」という、状況変化として把握されている。

（1）Spring has come.
（2）春になりましたね（?春が来ましたね）。

　また、戦死した人について話す場合、英語では（3）のように、他動詞の受動態を用いて、その原因に言及する表現をするのに対し、日本語では（4）のように自動詞を用いて、単に出来事の結果を述べ、起因は助詞「で」を伴って背景として語られる。

（3）He was killed in the war.
（4）彼は戦争で死んだ。

　さらに、（5）は日本語の結婚式への招待状によく用いられるものだが、結婚が当人の意志によるものであっても、当人を含む状況が結婚という事態の運びに至ったという意味で、（5）が当人の意志を明示する（6）より好まれる。（5）は当人の直接的な意志表明を避けることにより丁寧さも含意される。

（5）結婚することになりました。
（6）結婚することにしました。

（2）（4）（5）のような「なる」的な表現は、日本語の〈好まれる言い回し〉だと言われる。

2. しかし

　「なる」的な表現が日本語の〈好まれる言い回し〉と言われる中で、「なる」的な表現よりも「する」的な表現が選択される場合がある。例えば(7)は松葉杖をついて歩いているときにその理由を聞かれた場合の返答である。他動詞の「足を折った」からは、話し手が自分の身に起こったことについて自身の不注意を自覚しているような印象を受けるが、自動詞の「足が折れた」は、話し手が他人事のように自分の経験を語っているように聞こえる。

　（7）　階段から落ちて足を折ったんです／足が折れたんです。

また、(8)は借りたカメラを壊したことを貸主に伝える発話である。

　（8）　カメラを壊して／カメラが壊れてしまったんです。

「カメラを壊してしまった」と言われれば許せても、「カメラが壊れてしまった」と言われたら貸主は不快感を抱くであろう。このように、「する」的な表現が必要とされたり好まれたりする場合がある。
　それはどのような場合だろうか。

3. 実は

● 3-1 「する」表現と「なる」表現

　話し手の関心が「誰がそれをしたか」に向かう場合と、「それがどうなったか」にある場合があり、前者を表す表現を「する」表現、後者を表す表現を「なる」表現という。

　（9）　太郎が花瓶を壊した。
　（10）　花瓶が壊れた。

　(9)は行為者（太郎）が対象（花瓶）に直接働きかける他動詞による「する」表現であり、事態の経過や起因が明示される。(10)は変化を受けた対象がガ格となり、「どうなったか」という変化の結果のみを語る自動詞による「なる」表現であり、事態の経過や起因には言及されない。「する」表現は行為者の行為が変化をもたらすという因果関係に注目し、「なる」表現はそこに至る因果関係や仕手の意志や行為には言及せず、変化の結果や事態に注目した表現である。

● 3-2 「する」表現と行為者の事態への関与

意図しない事態の出来(しゅったい)について述べるときに「する」表現が好まれる場合、行為者の事態への関与は3つ考えられる。

① 直接的関与

(11) は髭を剃っていて誤って自分の頬を傷つけた場合である。

(11) あっ、切った／?切れた。

思わず口をついて出るのは「切った」であろう。「切った」は「髭を剃る」行為中に「頬を切る」という、意に反する行為を自分がしたことを知覚した時点の表現で、行為者としての発話である。一方、「切れた」は頬を切った直後にその結果を鏡で目にしたときなどの表現で、自らの「切った」行為の結果を鏡で確認したという観察者としての発話である。(7) の「足を折る」も (11) と同様である。どちらも意図した行為でないにもかかわらず「する」表現を用いて行為者として「足を折った」「頬を切った」と語るのである。

② 間接的関与

(12) は交通事故による息子の死についての発話である。間接受け身(第16課)の「死なれた」の使用からは話し手の被害者としての気持ちが伝わる。一方、使役の「死なせた」からは話し手があたかも加害者として息子の死に関わり、自ら引き起こした事態を悔いるような気持ちが伝わってくる。

(12) 交通事故で息子に死なれた／息子を死なせた。

「なる」表現の自動詞「死ぬ」に対応する「する」表現は他動詞「殺す」であるが、(12) の交通事故には話し手は直接関与していないため「殺す」は使えず、「する」表現の「死なせる」(「使役表現」)が選択される。予期せぬ事態の発生に関して「する」表現「死なせる」を用いることで、話し手の直接的関与はないにせよ、「事態の発生を阻止できた」のにそれをしなかったという自責の念が表される。

③ 無意識の関与

(13) (14) は付帯的な状況描写に用いられる「する」表現である。

(13) 子どもたちは目を輝かせて話を聞いていた。

> (14) 候補者たちは声をからして支持を訴えた。

(13)「目を輝かせる」も(14)「声をからす」も意識的な行為ではないが、それぞれ「子どもたち」「候補者たち」による「話を聞く」「支持を訴える」という意識的な行為が自身に何らかの変化をもたらしたという意味で「する」表現が用いられていると考える。ただし、それらは主たる行為から副次的に発生した事態で、行為者の付帯状況の表現となる。

　以上のように、意図しない事態の出来（しゅったい）への行為者の関与は、① 制御しうる立場からの直接的関与、② 事態の発生を阻止しうる立場からの間接的関与、そして、③ 無意識ながら事態の起因としての関与となる。このような行為者の関与の言語化が必要と判断される場合に、「なる」表現ではなく「する」表現が選択されると考える。

● 3-3　「なる」表現／「する」表現と丁寧さ
　前出(8)の借りたカメラを壊したときの謝罪場面では、「する」表現の「壊した」が適切となることを見た。「壊した」が事態の発生への直接的関与（＝責任）を含意するのに対し、「壊れる」は事態の発生に対する観察者の表現となり、非関与（＝免責）を含意することになる。すなわち、「壊した」は過失を認めた謝罪となるが、「壊れた」は責任回避の表明となりうる。実際に壊したのではなくても責任を免れようとする「なる」表現は貸主に不快な印象を与え、丁寧さに欠けると言える。
　また、敬語でも(15)(16)のように「する」表現と「なる」表現が用いられる。

> (15)　先生がお書きになります。（「なる」表現）
> (16)　私がお書きします。（「する」表現）

(15)尊敬語「お～になる」は、話題となる人物の行為に直接言及することを避け、無闇にその人物の領域に立ち入らないという配慮を含意することで、また(16)の謙譲語「お～する」は相手に対する自らの行為への積極的関与（＝責任）を明確にすることで、それぞれ丁寧さをもたらすのであろう。

4. さらに

次のような新聞記事があった。(朝日新聞「天声人語」2011.5.9.)

> 先ごろ、私鉄の車内放送に感心させられた。「次は○○」に続いて「降り口は右側です」とでも言うところを、「**右側のドアを開けます**」と妙に力強い。「私が」の主語はなくても責任感のにじむ言い回しだった。

「なる」表現を好むと言われる日本語母語話者であるが、たまに耳にする「する」表現に新鮮なことばの力を感じたという記事である。

「なる」表現は、日本語の〈好まれる言い回し〉(第1課)の1つだと言われるが、「する」表現も文脈によって重要な機能を担っている。「する」表現と「なる」表現を適切に駆使できることが真の言語運用能力と言えるだろう。

(足立)

第20課 ｜ 無助詞

1. これまで

　現代日本語の話し言葉には、「時間ある？」「これよかったらどうぞ」「それきれいだね」「田中さんいますか」などのように「は」も「が」も現れない発話がある。
　このような助詞の不在は、助詞の省略とするか、実質的な音形はないものの独立した助詞と考えるかで分析が分かれる。助詞の省略であれば、補うことが可能なはずである。以下、助詞をカタカナ表記し、助詞の不在をØで表す。

（１）　時間Ø／ハ／ガある？
（２）　これØ／ハ／ガよかったらどうぞ。
（３）　それØ／ハ／ガきれいだね。
（４）　田中さんØ／ハ／ガいますか。

　(1)から(4)で、ハを選ぶと、他の選択肢と比較して「時間」「これ」「それ」「田中さん」に言及しているという解釈が、ガを選ぶと、他の選択肢を否定して「時間」「これ」「それ」「田中さん」に言及しているという解釈が得られる。しかし、Øでは、いずれの解釈も生じない。ハは対比的に何かを取り立て、ガは排他的に何かを取り立てるが、Øには他の選択肢を含意するような意味合いはない。この章では、ハでもガでも置き換えることのできないØを、助詞の省略ではなく、実質的な音声を伴わない独立した機能を持つ助詞と考え、無助詞と呼び、その機能を考える。ちなみに(5)のØは、ヲにしても解釈上の差が感じられないため、助詞ヲの省略とみなす（省略は第27課を参照）。

（５）　教科書Ø／ヲ読んでたら、眠くなった。

　日本語記述文法研究会編(2009b)は、(6)を例に、無助詞の基本機能を、主にくだけた話しことばや親しい人同士の会話で、ハが持つ対比的なニュアンスを出さずに主題を提示することとする。

（６）　a. 私ハ来月日本へ帰りますが、妻ハこちらに残ります。

b. 私∅来月日本へ帰ります。

　無助詞になる条件を2つ認める。まず、話し手が知覚した内容をそのまま述べる文は主題を持たないので (7a) のように事態の中の主語はガで示されるが、主語がコ系やソ系の場面指示の指示表現を伴う場合はガが用いにくく、(7b) のように無助詞になる。

（7）a. あ、燕ガ飛んでる。
　　　b. あ、この時計∅／*ガ止まってる。

　次に、聞き手に指示対象が特定できないと話し手が想定するものは主題として提示できず、(8a) のように無題文になるが、聞き手が知っているが、その時、聞き手の意識のうちにないものを提示するのに (8b) のように無助詞が用いられることがある。

（8）a. 今日、セールスの電話ガかかってきたよ。
　　　b. [外出する妻から来客があることを知らされて留守番した夫が帰宅した妻に] お帰り。お客さん∅／?ガ来てるよ。

　(8b) でガを使うと、来客が聞き手にとってまったくの新情報として提示されることになるので不自然だとする。

2. しかし

　(1) と (4) のように、場面指示の指示語がなくても何かを∅で主題として提示できる。また、(8b) のような場面でも∅によって主題が提示できる。無助詞の基本的な機能はどのようなものだろうか。

3. 実は

　無助詞は基本的に「指し言語」であり、大きく2つの機能がある。いずれもイマ・ココで話し手と聞き手の共同注意（第3課）を前提とし、共有の〈見え〉（第1課）の形成に関わる。

● 3-1　イマ・ココへの話題導入

　言語発達の段階には「指し言語」から「語り言語」への経路がある。「指し

言語」とは指さしの言語化に近く、共同注意場面で何かの題目を選択し聞き手の注意をそれに向けさせるものを言う。指し言語により共同注意が成立し、〈見え〉の共有が成立した結果、相手との共感が生み出される。一方、「語り言語」は相手との共感を基盤とした伝達行為のための言語である。

「指し言語」としての無助詞の基本機能は、話し手が、自身が注目するモノやコトを会話のイマ・ココに持ち込み、聞き手の注意をそれに向け、共同注意を築き〈見え〉を共有することである。例えば、話し手は、イマ・ココに関連する時や所、現場指示の指示語を伴うモノやコトを話題として聞き手の前に差し出し、聞き手の注意をそれに向けさせ、その共有の〈見え〉を話題とする。

（1）の「時間」は発話時点で特定される要素（発話時点での余裕）であり、（2）の「これ」や（3）の「それ」などの指示語の指示対象はイマ・ココの要素である。話し手は、聞き手が注目していないイマ・ココの要素を聞き手の前に差し出し、聞き手の注意をそれへと向かわせ、〈見え〉を共有する。イマ・ココに無助詞で持ち込まれた話題は、ハによる話題提示が示唆する対比性や、ガによる新しい話題提示の排他性とは無縁のもので、いわば無標の話題である。

（4）は、聞き手が田中なる人物を知っていることが条件となるが、話し手が発話のイマ・ココで自身が関心のある人物に相手の注意を向かわせる場合で、その人物を対比的あるいは排他的に際立たせる必要はない。Øは共有の〈見え〉を形成する無標の話題提示の手段である。

（9）これØ／*ハ／*ガ、つまらないものですが、どうぞ。

（9）のような、知人宅を訪問して、持参した手土産を訪問先の主に差し出すときにもØが用いられるが、これも、イマ・ココで提示する新しい話題（手土産）の提示には、対比性も排他性もそぐわないことによる。単に、訪問先の主の注目をそれへと向けるだけでよい。

● 3-2　話題として再度言及される共有知識

共同注意には非視覚的な性質のものもあり、眼前にないものへの共同注意を成立させる共同想起と呼ばれる機能がある（本多 2002）。(8b)や(10)(11)でのØの使用は共同想起を生じさせる。

（10）学生A：おはよう。宿題Ø、やった？

```
            学生B： うん、今朝、出した。
   (11) 学生A： 先週借りた本Ø、まだ返さなくていい？
            学生B： あれ？　まだいいよ、読んじゃったから。
```

(10)(11)で、学生AがØで導く話題、それぞれ「宿題」と「本」、は、会話の冒頭で、先行文脈なしにイマ・ココに導入されている。

しかし、学生Bは自然に応答し、会話が続行する。(10)の学生AとBは、宿題が課された授業をともに受講し、当該の宿題についての情報を共有していて、この会話の時点より以前に宿題について話したことがあるため、学生Aは、過去のある時点の話題に再度言及することで、過去の会話の延長上にイマ・ココを位置づける。過去に共有した話題がØを付されて再度言及されると、聞き手Bに同じ話題の再活性化への注意が喚起され、共同想起が促されることで共有の〈見え〉が形成される。(11)も同様に、先週のある時点で本の貸借の会話があり、学生Aがその時の話題を再度言及することで、共同想起が促され、イマ・ココに共有の〈見え〉が形成される。(8b)も同様で、外出前に交わされた話題（来客の予定）を妻の帰宅時に無助詞により再活性化させている。

このように、無助詞の2つ目の機能は、話し手と聞き手がすでに共有した〈見え〉をイマ・ココに再度活性化することによる共同想起である。過去の会話とイマ・ココがその〈見え〉を介してつながるため、先行文脈の言語化の必要はない。

イマ・ココの要素ではない話題でも、それが話し手と聞き手に共有のものであれば、無助詞で再度言及することで、話題が再び活性化し、その〈見え〉が対比性や排他性を伴わない無標の話題となる。

無助詞の機能の基本は、話し手が談話のイマ・ココで何かを無標の話題として聞き手の前に差し出し、聞き手の共同注意や共同想起を喚起して共有の〈見え〉を形成することである。

4. さらに

無助詞の第一の機能がイマ・ココの場面指示の指示語の使用に関わるように、第二の機能は文脈指示のア系の指示語の使用に関わる。

```
   (12) A： ねえ、あの話Ø、どうなった？
        B： ああ、あれね？　あれは…。
```

(12)で、聞き手には文脈指示のア系の指示語「あの」が過去の話題の再活性化を指示する指標となり、聞き手はそれを手掛かりに、指示対象を過去の記憶の中に検索する。ア系の指示語は、聞き手に共有の〈見え〉の検索を指示する手続き的意味を持つと考える。

　仮に話し手が再活性化を意図した〈見え〉を聞き手が記憶の中に同定できない場合は、(14)のようなやり取りとなるだろう。

　(14)　A：あの話Ø、どうなった？
　　　　B：あの話って、何だったっけ／#あの話って、何？

(14)でAの冒頭の無助詞による話題提示に対して、その話題が過去に共有したものであることをBが理解していれば、「あの話って何？」ではなく「あの話って、何だったっけ？」と返答するのが普通であろう。「何だったっけ」という表現から、Bは、イマ・ココで再度活性化されようとしている〈見え〉が記憶の中に検索できないことを表していると考える。

(近藤)

⇒「あ」については第4課、省略は第27課参照。

第21課 ｜ 事態まるごと

1. これまで

「の」や「こと」には、(1) から (3) のように、把握した何らかの事態をひとまとまりのものとして提示する機能がある。
以下、ノ、コトと表記する。

(1) 家族に、今日学校で喧嘩があったコトを話した。
(2) 今日学校で喧嘩したノは太郎と次郎だ。
(3) 今日学校で友達が喧嘩しているノを見た。

コトは形式名詞、ノは準体助詞と呼ばれる。形式名詞は、実質的意味がない形骸化した名詞で、それらに実質的な意味を持たせるためには「めずらしいコト」「そのコト」などのように、何らかの修飾語を伴わなくてはならない。一方、ノも実質的な意味を持たないが、(2) のように、強調構文と呼ばれる「〜ノはXだ」の文で焦点となるXを説明・描写する機能を持つ。そして、(1)(3) のように、「コト」と「ノ」には発話のイマ・ココで話し手の目の前にある状況をひとまとまりにする機能がある。ここでは、(1) のようなコトと (3) のようなノについて考える。

コトとノの使い分けは日本語学習者にとっても難しいものの1つであるが、(4)(5) のように、あとに続く述語の性質によって使い分けを説明することが多い（日本語記述文法研究会編 2008 など）。

(4) コトだけをとる動詞（「〜ということ」も可能）
　　① 伝達に関わる動詞（話す、聞く、読む、書く、伝えるなど）
　　② 思考や判断を表す動詞（思う、考える、信じる、疑うなど）
　　③ 意思を表す動詞（許す、決める、約束するなど）
　　④ 何かを指し示す動詞（指摘する、示すなど）
(5) ノだけをとる動詞（「〜というの」は非文）
　　感覚を表す動詞（見る、見える、聞く、聞こえるなど）

2. しかし

（6）から（8）のように、コトもノもとる動詞があることが、この2つの違いを難しくしている。

（6）めずらしく、今日は、太郎が元気がないコト／ノがわかった。
（7）今日の午後、会議があるコト／ノを忘れていた。
（8）昨日東京で雪が降ったコト／ノを知っている？

「わかる」「忘れる」「知っている」などはコトだけをとる思考・判断を表す動詞に準じる性質を持つと言えそうである。また、同時に、話し手の認知的な営みを表すという点で、ノだけをとる動詞に分類することもできそうである。あとに続く動詞の意味分類だけでは、事態をひとまとまりにする機能を共有するコトとノの違いを捉えることはできそうにない。

3. 実は

● 3-1　コトとノがまとめる事態の性質

コトとノの基本的な違いは、それらがまとめる事態の性質が話し手にとって知的な体験か感覚的な体験かというところにある。次の例を見よう。

（9）a. 太郎が次郎に話しているコトが聞こえた。
　　　b. 太郎が次郎に話しているノが聞こえた。

(9a) の文でコトがまとめる事態は、話し手に聞こえた話の内容（情報）そのものだが、(9b) の文でノがまとめる事態は、太郎の聴覚の対象となった太郎の話声であって、話の内容ではない。(4)(5) にあげたコトとノと共起する動詞の選択には、話し手の体験の質の違いが反映している。この例から判断する限り、コトがまとめるのは伝達内容とも言える客観的な情報であり、ノがまとめるのは話し手の感覚器官への入力となる刺激や信号のようなものである。

● 3-2　コトとノと連体修飾節

感覚を表す動詞のほかに、話し手の眼前の事態に直接的に関わる働きかけを表す動詞もノをとることができる。例えば、「手伝う、待つ、出くわす、出会う」などがそれである。

(10) a. ほら、ぼんやり突っ立ってないで、お兄さんが荷物を運ぶノを手伝って。
　　 b. その子はオーブンの前で、パンが膨らみはじめるノをじっと待っている。
　　 c. 挙動不審の男が家の前をうろついているノに出くわした。
　　 d. 男の人が地図を片手に歩いているノに出会って、道を教えてあげた。

　このような例では、話し手は、目の前の事態を抽象的な概念としてまとめるのではなく、見えたまま、遭遇したままに事態を切り取って表現している。そして、「手伝う、待つ、出くわす」などの動詞が表す働きかけの対象はノが切り取った事態そのものであって、人ではない。このようなノはコトで置き換えることはできない。
　(10a) の状況では、手伝う対象は「お兄さん」という人ではなく、お兄さんが携わる荷物の移動という事態である。また、(10b) の状況で子どもが待っているのは、「パン」というモノではなく、パンが目の前でだんだん膨らんでくる、動きのある事態である。同じように (10c) の状況で、話し手が出くわしたのは、挙動不審の男個人というより、その男がうろついている事態であり、(10d) も同様で、話し手が出会ったのは、男の人ではなく、その人が知らない土地で道に迷っている事態だと考える。
　このことを、連体修飾節との違いで見てみよう。

(11) a. 気球が飛んでいるノが見える。
　　 b. 飛んでいる気球が見える。
(12) a. 交番で巡査がまいごの相手をしているノを見かけた。
　　 b. 交番でまいごの相手をしている巡査を見かけた。

　(11a) では、話し手の視覚を捉えたのは気球自体ではなく、「気球が空を移動する」という目の前の動きを伴った事態である。この場合は、話し手の知覚を通した体験を切り取るノの使用が適切で、(11b) のような連体修飾節はあくまでも被修飾名詞の「気球」が視覚の対象となり「飛んでいる」は気球の状態を表す。気球が飛んでいるのはいわば当たり前のことで、特に聞き手の注意を喚起するに値するものではない。(12a) と (12b) も同様で、巡査がまいごの相手をしている、その動きを伴った眼前の事態が、話し手が目撃した注目に値することであって、まいごの相手をしている巡査が、例えば交通整

理をしている巡査と対比させられるような特別の存在でない限り、連体修飾節より事態をまるごと捉えるノの使用が適切だと言える。

（11）と（12）の動詞はノと共起しやすい動詞だが、aとbの違いは名詞の指し示す対象の定・不定にも関係がある。被修飾名詞が「人」のようにその指示対象が不特定な場合は、「？駅前で人がちらしを配っているノを見た」より「駅前でちらしを配っている人を見た」のように、人の状態に焦点を当てて表現するほうが自然である。（12）の「巡査」のようにある程度みんなが特定できる人物の場合は、ノを使って、その特定の個人が何らかの行為をしている、その動きを伴ったひとまとまりの事態を視覚の対象として表現するほうが自然である。

4. さらに

先に、ノとコトの両方をとる動詞があると述べた。

（６）めずらしく、今日は、太郎が元気がないコト／ノがわかった。
（７）今日の午後、会議があるコト／ノを忘れていた。
（８）昨日東京で雪が降ったコト／ノを知っている？

これらの例文で、コトとノの違いはどのようなものだろう。「わかる」を使った次の例で考えてみよう。

（13）［太郎がすりを捕まえて取材を受ける］
　　　記者：すりを捕まえたそうですね。お手柄ですね。怖くありませんでしたか。
　　　太郎：ええ。男が震えているノがわかって、これは常習犯じゃないなと思いました。
　　　記者：なるほど。

「男が震えているノ」のようにノを使うと、太郎が直接知覚した男の震えを体験的に伝えることができる。一方、ノの代わりにコトを使って「男が震えているコト」とすると、「わかる」の対象となる事態を知的に整理して客観的に述べているように聞こえる。

以上のように、日本語母語話者は、知覚の対象がモノか事態かによって連体修飾とコト・ノを使い分けている。さらに、その事態を抽象的、客観的に

述べる場合にはコトを使い、震えのように具体的、直接的な身体感覚も含めて対象となる事態をより主観的・体験的に述べる場合にはノを使うというように、事態の捉え方を異なる言語形式で描写し分けているのである。

(近藤)

第4章
情報構造

第22課 「まで」
第23課 「だけ」
第24課 「ばかり」
第25課 「のだ」
第26課 「わけだ」
第27課 前提・焦点・省略

第22課 | 「まで」

1. これまで

　「まで」は、その多様な用法に基づき、格助詞あるいはとりたて助詞と分析される。以下、検討対象の助詞をカタカナ表記する。格助詞として分類される根拠は (1) (2) のような例である。

　（１）駅マデ走った。
　（２）9時マデ勉強した。

(1) のマデは「走る」という動詞が表す動きの限界点が「駅」であることを、(2) のマデは「勉強する」という動詞が表す活動が終了する時間的な限界点が「9時」であることを表す。いずれも、「走る」「勉強する」という動きが「駅」「9時」に向って継続することを表す。マデは、時間軸上あるいは空間内の1点を表す名詞句に後接して、ある事態の限界を明示するという点で、その名詞句と述語との関係を表示しており、格助詞と分類される。
　とりたて助詞として分類される根拠は (3) (4) のような例である。

　（３）花子マデ私をバカにする。
　（４）家族のことマデ聞かれた。

(3) の「花子マデ」のマデは「花子が」の「が」の位置に置かれ、一番「私」をバカにしなさそうな花子の行動を取り上げることで事態の意外さを示し、同時に他の人は当然「私」をバカにすることを暗示している。(4) の「家族のことマデ」のマデは「家族のことを」の「を」の位置に置かれ、最も聞かれそうにない家族のことを聞かれたことへの意外さを示し、同時に他のことは当然聞かれたということを暗示している。(3) と (4) のマデは、文中の事態と結びつく序列の最も遠いものを取り上げ、文に現れていない他のものの存在を含意していることから、とりたて助詞と分類される。
　森田 (2002) は、格助詞マデととりたて助詞マデの違いを、(5) を例に説明している。

　（５）シャボン玉飛んだ、屋根マデ飛んだ、屋根マデ飛んで、壊れて消えた。（野口雨情）

飛んだのが「シャボン玉」の場合は「屋根マデ」のマデは「シャボン玉が飛ぶ」動きの限界点を示すため格助詞となり、「屋根」が飛んだ場合は、「屋根」を飛びにくいものとし、それが飛んだ意外さと同時に、ほかのより飛びそうなものが飛んだという意味が暗示されるため、とりたて助詞（森田の用語では副助詞）となるという。格助詞は「カラ〜マデ」と対応関係にある場合で、とりたて助詞はモやサエモと置き換えられる場合としている。

2. しかし

　（6）の「彼女の家」や（7）「大晦日」が到達点や限界点を表しているため、「マデ」は格助詞と分類されることになる。

　（6）　彼女の家マデ／ニ行った。
　（7）　大晦日マデ働く。

しかし（6）の「家マデ」は「家ニ」と比べると、「そんなところマデわざわざ」という含みも感じられる。また、（7）の「大晦日マデ」は、大晦日を限界として働き続けたという場合と、普通は休日なのに「大晦日」の日も働いたという場合の2つの解釈ができる。前者の解釈では格助詞、後者の解釈ではマデはモと置き換えられるので、とりたて助詞ということになる。このように格助詞のマデととりたて助詞のマデを明確に区別することは難しい。むしろ、この両者には共通性を見出すことができるのではないだろうか。

3. 実は

● 3-1　格助詞マデの表すもの

　（8）　学校マデ／＊ニ歩いた。
　（9）　駅マデ／ニ歩いて行った。

(6)のように、述語が「行く」の場合は、ニは到達点を、マデは限界点を表し、どちらも可能である。しかし(8)の「歩く」の場合は、限界点のマデは適切だが、到達点のニは不適切となる。これは限界性のある動詞（限界動詞）（第13課）「行く」と限界性のない動詞（非限界動詞）「歩く」の違いによる。
　(6)の限界動詞「行く」は、移動を表すため、到達点を示すニとも限界点を示すマデとも共起する。一方(10)の非限界動詞「歩く」は、動きの到達点

を持ちえないため、到達点を示す「に」とは共起しないが、「どこかカラ学校マデ」という動きの範囲を含意するマデとは共起する。マデが「歩く」の外的な限界を設定するからである。「歩く」は、(9)のように、方向性を持った物理的な移動を意味する「ていく」(第7課)を伴ってはじめて、到達点「に」と共起できるようになる。

このように、格助詞マデは、ある点を限度として動作や状態がそれより先に及ばないこと、すなわち、事態の限界点を表すと解釈することができる。

● 3-2　マデとデの限界性

マデは、限界点を意味する点でデ(第6課)と共通する。

（8）学校マデ／＊ニ歩いた。
（10）来週の月曜日デ休暇が終わる。(＝第6課(4))
（11）願書は今日の5時＊マデ／デ締め切りました。

(8)のマデも(10)のデもともに限界点を表し、そのあとがないことを暗示する。しかし、(11)は、「5時締め切り」という限界点を示しているにもかかわらずマデが不可となる。

これは、(12)のように、〜カラ〜マデは言えても〜カラ〜デとは言えないことに関係する。

（12）夏休みは8月から9月マデ／＊デだ。

マデは、〜カラという起点の存在を前提とし、その起点から限界点まで、ある行為や作用が継続することを意味する。これに対しデは、起点を含意せず限界点のみを問題とし、そこでの動きの停止を表す。動詞「終わる」は終了限界のみを示すため、デとは共起するが、マデとは共起しない。

デとマデの限界性の違いは、デが限界点のみを問題とするのに対し、マデは「起点から限界点」という連続体の最終点を問題とする点にある。

● 3-3　とりたて助詞マデとモ、サエ

近藤(2008)は、マデ・モ・サエを、ほかに同様のものの集合の存在を前提にして何かを追加するという意味で、添加型(累加)のとりたて助詞と呼び、これらの助詞は、前提とする集合の中から何かを取り立てることで、それ以外のものの存在を暗示し、そこから異なる含意を生じさせるとする。

(13) 貧しいころは、雑草モ／サエ／マデ食べた。

(13) で、モの機能は典型的な添加（累加）である。何かを食べていてそれに雑草を追加したことを意味する。サエは常識的に考えて最も食べそうにないものである雑草を取り立てることで、それを食べるほどの異常事態であったということを含意する。これに対し、マデは、3-2で述べたように、その背後に〜カラ〜マデという連続体を前提とした限界点を示す。この場合は食べられる物の集合の中で最も食べそうにない雑草を取り立て、限界点として言及することで、雑草より食べやすいものはすべて食べたということが含意され、そこからその事態の異常さが伝わってくる。

4. さらに

マデは、格助詞としても、とりたて助詞としても、その基本は〜カラ〜マデという連続体の限界点を示すことにある。では、マデを用いた (14) のような例はどう解釈されるであろうか。

(14) 歩けるマデに回復した。

(14) のマデも限界点を表す。病気の回復には段階があり、初期の回復段階から歩くことができる段階に達したことを表している。また、歩けるということが今の時点での回復の限界であって、それ以上ではないことも含意している。

(15) 優勝とはいかないマデも、入賞したい。

(15) はいい成績を勝ち取りたいと思いながら、成績段階のうちの優勝を限界点として取り立て、限界点への到達は無理でも、それに近い「入賞」を獲得したいという気持ちを伝えている。

(16) 取り急ぎご返事マデ。

(16) は文書などでよく使われる言い回しであるが、とりあえず返事をするということを限界点として取り立てることにより、それ以上の意図はないことを伝え、相手に負担をかけないようにする配慮とも解釈される。

(17) お心当たりの方は、まずは私マデご連絡をいただけませんか。

(17)は連絡すべき人を重要性の順に並べ、「私」を限界点として取り立てることで、「私」より上にも誰かいることを暗示するが、同時に、「私」より上の人への連絡の必要性がないことを含意する。(17)を「私ニ」とすると、連絡すべき人として私を指定することになり、直接的な表現となる。「私マデ」は私に連絡すればすむという配慮の表現ともなりうる。

マデの表現はいろいろあるが、いずれもマデが含意する連続体の限界点が基本となっている。

(足立)

⇒「で」については第6課参照。

第 23 課 │「だけ」

1. これまで

　「だけ」はとりたて助詞である。とりたて助詞の基本的な機能は、文中のある要素に焦点を当てて、それを際立たせることで、文中に現れていない別の要素について何かを暗示することである。例（1）から（3）を見よう。以下、とりたて助詞をカタカナ表記する。

（1）新聞を買った。
（2）新聞モ買った。
（3）新聞ダケ買った。

(1)(2)(3)の違いは何か。どれも誰かが何かを買ったことを主張するが、(1)はその何かが「新聞」であること、(2)はその何かが「新聞」のほかにもあるということ、(3)はその何かが「新聞」であり、それ以外にはないことを含意する。(2)で、とりたて助詞モは買ったもののリストに「新聞」が追加されることを意味する。(3)で、とりたて助詞ダケは「新聞」を除くと買ったものがない、つまり買ったものは「新聞」がすべてであることを意味する。モの取り立て方がある集合にメンバーを添加することであるのに対して、ダケの取り立て方は、あるものを限定的に取り上げて他のものを排除すること、すなわち、排他であると言うことができる。
　また、ダケは数量を取り立てることもある。

（4）a. その本は始めの 10 頁ダケ読みました。
　　　b. 1 日ダケ待ちましょう。明後日には必ず提出してください。

　(4a)(4b)でも、ダケは取り立てた要素が表す数量を排他的に限定して、それ以外の数量の可能性はないことを暗示する。
　排他的とりたて助詞ダケは、しばしば、シカ〜ナイと対比される。次のようなやり取りは日本語の教室で耳にすることが多い。

（5）A: パーティはどうでしたか。
　　　B: つまらなかったです。#留学生ダケ来ましたから。

Bが言いたいことは、参加者が留学生に偏っていて、ほかの学生、例えば日

本人学生が来なかったために面白さに欠けたということだろう。「留学生ダケ」は、参加者を「留学生」に限定するのだから、返答として問題ないはずである。しかし、Bの返答には違和感を覚える。(6)のように、ダケでなくシカ～ナイを使うと違和感は消失する。

（6）つまらなかったです。留学生シカ来マセンデシタから。

ダケとシカ～ナイの違いはどのようなものか。(5B)は(7a)のように「留学生」に焦点を当てているが、(6)は(7b)のように「留学生」を排除した空の集合にスポットライトを当てているような違いがある。

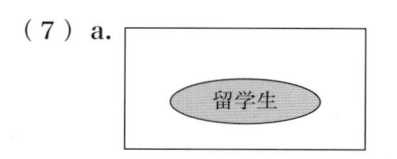

（7）a.　　　　　　　　　　　　b.

（図：aは白地に「留学生」の楕円、bは灰色地に「留学生」の楕円）

ダケは取り立てるものを前面に押し出すが、シカ～ナイは、取り立てるものを除いた部分を前面に押し出すことで、実際の参加者のバラエティが少なかったというような話し手の評価を含意する。(5)Bの返答には、ある事態に対する話し手の否定的な評価を伝えるシカ～ナイの使用が求められる。

2. しかし

ダケがとりたてる文中の要素は、上の例のようにモノやヒトや数量であるとは限らない。

（8）注意したダケダ。きつく叱ったなんてとんでもない。
（9）あの人には会ったことがある。名前が思い出せないダケダ／思い出せなかったダケダ。
（10）上司の指示に従ったダケダ。僕には責任はない。

(8)から(10)のダケダは前に節を伴っている。また、シカ～ナイに置き換えると意味が変わってしまう。

（8′）注意シカしナカッタ。
（9′）名前シカ思い出せナカッタ。
（10′）上司の指示にシカ従わナカッタ。

(8)から(10)のダケダのように節に後続して文を終わる形式を文末形式と呼ぶ。文末形式ダケダの機能は、先に述べたとりたて助詞ダケの排他機能と同じか。シカ〜ナイとの違いは何か。

3. 実は

● 3-1　含意されるコト1：行為の集合

まず、文末形式ダケダが動詞の非過去形につく「〜するだけだ／しないだけだ」について考える。「〜するだけだ」が含意するのはモノやヒトの集合ではなく、行為の集合である。例えば(11)(12)のように、話し手は自分がしなくてはならない行為のリストを見ながら、あるいはそれを頭に浮かべながら、自分が済ませた行為を1つ1つチェックして消していくような文脈で使われる。

(11) 掃除した。洗濯もした。勉強もした。風呂にも入った。食事も済ませた。あとは寝る<u>ダケダ</u>。
(12) 単語を勉強した。文法も復習した。漢字も覚えた。会話も暗記した。あとは明日試験を受ける<u>ダケダ</u>。

「〜するだけだ」はとりたて助詞ダケの基本的な限定機能をモノやヒトから行為の集合へと拡張したものである。一方、「〜しないだけだ」は、ある行為の集合から1つを否定的に取り上げることで、その他の可能性を肯定する。いずれのダケダも、取り立て方は基本的に排他で、とりたて助詞ダケと同質である。

(13) うちの子は、牛乳が飲めない<u>ダケデ</u>、ほかのものは大丈夫です。
(14) 彼の癖はみんなが知っている。自分が気づいていない<u>ダケダ</u>。
(15) このダイエットは、肉が食べられない<u>ダケデ</u>、ほかは何を飲んでも何を食べてもかまわない。

● 3-2　含意されるコト2：難度や程度順に並んだ出来事の連続体

(8)から(10)の例に戻ろう。(8)と(10)は「しただけだ」、(9)は「しないだけだ／しなかっただけだ」である。

(8)(9)(10)のダケダは「するだけだ」のように話し手が何かのリストをチェックしているのではない。(8)からは、話し手が自分の行為をたいした

ことではないと判断していることが伝わる。(9) も、ある人を記憶にとどめていることを述べた上で、その人の名前を思い出せないか思い出せなかったのはとるに足らないことだと評価していることが伝わる。(10) も同様に、上司の指示に従ったことは自分に責任が問われるようなことではない、自分の行為に責任をとる必要がないといった評価が伝わる。興味深いのは、いずれも話し手の状態や行為の言い訳や弁明に聞こえることである。

　ここでダケダが含意するのは、モノやヒトの集合ではなく、行為の単純なリストでもない。それは、出来事の連続体である。この連続体は、難易度や程度などの量的・質的解釈を伴う、ある種のスケールをなしている。そして、ダケダが限定するのは、そのスケールの下限に位置する出来事である。スケール上で負荷の少ない、あるいは難度の低い出来事を排他的に限定することで、同一スケール上のそれより上、つまり負荷が大きい出来事や難度が高い出来事の可能性を否定する。この種のダケダが含意するスケールは、サエやデモに共通するものでもある。

(16) a. この漢字は小学生<u>デモ</u>知っている。
　　 b. この仕事は初心者<u>デモ</u>できる。
　　 c. 空腹だったので、残飯<u>サエ</u>おいしいと思った。

4. さらに

　文末形式ダケダとシカ〜ナイが接近する場合がある。それは、取り立てるものが数量に関する場合である。

(17) a. 1年勉強した<u>ダケダ</u>。
　　 b. 1年<u>シカ</u>勉強し<u>ナカッタ</u>。
(18) a. 朝食にバナナを1本食べた<u>ダケダ</u>。
　　 b. 朝食にバナナを1本<u>シカ</u>食べ<u>ナカッタ</u>。

数量を表す表現は基本的にスケール上で解釈されるものである。(17a) と (17b)、(18a) と (18b) の意味が近接するのは、数量のスケールの下限を排他的に取り立ててそれ以上の数量を否定することを基本とするダケダが、取り立てたものを除いた空のセットを前面に出して話し手の否定的な評価を含意するシカ〜ナイと類似した含意をもたらすことによる。

　一方、シカ〜ナイも文末形式として使われることがある。

(19) a. するべきことはみんなした。あとは結果を待つダケダ。
　　 b. するべきことはみんなした。あとは結果を待つシカナイ。

どちらもリストに残るのは最後の1つだという意味だが、最後の可能性に対する話し手の心的態度に違いがあるのが興味深い。ダケダでは結果を待つことが肯定的に捉えられており、シカ〜ナイでは結果を待つことが悲観的に評価されていることが伝わる。これも、ダケとシカ〜ナイの基本的な違いの拡張と考えてよいだろう。

(近藤)

第24課 │ 「ばかり」

1. これまで

「ばかり」も「だけ」（第23課）と同じくとりたて助詞である。

まず、この2つのとりたて助詞の基本的な違いを見てみよう。以下、バカリ、ダケとカタカナ表記する。

(1) 弟はジーンズダケ／バカリはいている。
(2) 兄はビールダケ／バカリ飲む。
(3) 教室には女子学生ダケ／バカリいた。

何かのセットの中から特定のメンバーを排他的に限定するダケは、(1)は「弟はジーンズ以外に何も身につけていない」、(2)は「兄はビール以外の飲み物を飲まない」、(3)は「教室にいた学生はいずれも女子学生で、男子学生はいなかった」のように、集合のあるメンバーを限定して排他的な解釈を生じさせる。

バカリはどうか。(1)は、話し手が弟の服装に注意すると、ジーンズをはいているのをよく見かける、(2)は、話し手が兄の行動を観察していると、ビールを飲んでいることが多い、(3)は、話し手が教室を見渡すと、女子学生が多かったといった解釈になる。バカリはモノの集合を前提とせず、したがってダケのような排他の解釈も生じない。以下、バカリを伴う文を「ばかり文」と呼ぶ。

「ばかり文」は、バカリが取り立てる要素がコト（事態）かモノか、またその要素に複数性があるかという観点から分析されることが多い。

(1)と(2)は、それぞれ「弟がジーンズを履く」「兄がビールを飲む」などのコトが繰り返され、コトの複数性が関わる。(3)は観察対象となる女子学生が複数おり、モノの複数性が関わる。

(4)のように、バカリが1回限りの現象を表す副詞表現や述語と共起しにくいことも複数性の性質を裏づける。

(4) *その学生は先生にバカリ1度相談した。

また、バカリはモノの属性を表す述語とは共起しにくい。

（5）＊太郎バカリ頭がいい。
（6）＊花子バカリ鬼だ。

(5)は頭がよい子どもを調べると「太郎」という名前の子どもが多いという解釈以外は非文になる。また、(6)は、鬼ごっこで同一人物（花子）が複数回「鬼」の役割を担うという解釈を除くと非文である。これらの解釈も、モノの複数性、コトの複数性の性質を裏づける。

2. しかし

次のような「ばかり文」もあることが指摘されている。

（7）日本の周りは海バカリだ。

また、(8)から(10)のように述語を取り立てる「ばかり文」もある。

（8）その子は何を聞かれても泣くバカリだ。
（9）うちの子は、遊んでバカリいて、ちっとも勉強しない。
（10）近ごろ、物価は上がるバカリだ。

これらの「ばかり文」の複数性の解釈とはどのようなものか。

3. 実は

● 3-1 「ばかり文」の複数性

　茂木（2002）は、バカリが取り立てる名詞句の指示対象が特定かどうか、述語動詞が存在動詞かどうかを基に、(A)特定指示の名詞句と存在動詞、(B)非特定指示の名詞句と存在動詞、(C)特定指示の名詞句と非存在動詞、(D)非特定指示の名詞句と非存在動詞の4タイプに分類する。Aの例は「太郎バカリがいた」などで、「太郎」が特定の人物を指示する場合、非文となる。Bの例は「子どもバカリがいた」などで、ある時点のある場面で、特定の個人は指示しないが「子ども」という属性を持つモノが話し手の目の前に複数いたという「存在」の解釈になる。先の「太郎バカリがいた」も、特定の個人ではなく「太郎」という名前の人が複数いたという場合は、Bの「存在」解釈となる。Cの例は「太郎バカリが褒められた」などで、太郎という特定の個人が関わるコト「褒められる」が時間軸上複数回起こったという「反復」

の解釈になる。(6) も花子という特定の個人が鬼ごっこの鬼になることが多かったという解釈ではCの例である。Dの例は「男子生徒バカリが褒められた」などで、特定の個人ではなく「男性生徒」という属性を持つモノが関わるコトが時間軸上複数回起こるという「反復」の解釈になる。先述の(1)と(2)は、それぞれ話し手の弟と兄という特定の指示対象が関わるコトが時間軸上複数回起こるというCの解釈になり、(3)は複数の女子学生の「存在」というBの解釈になる。

バカリが取り立てる要素の複数性とは、複数の非特定のモノの存在か何らかのコトの反復ということができそうである。

● 3-2 「ばかり文」と探索

しかし、上記の複数性の概念では(7)から(10)の「ばかり文」を解釈することができない。定延(2008)は、(12)の例をあげて、「ばかり文」は話し手の体験と深く関わる特徴があるとする。

　　(11) ボタンを押しても、機体は傾くバカリだった。

(11) は、機体の傾きを立て直そうとして、機長(話し手)がボタンを押すと機体はさらに傾く、しばらくしてもう一度ボタンを押してみると、さらに傾く…というように、話し手は自分の動作の結果として毎回機体の傾きを確認するという意味になる。同じ種類の体験が繰り返され、この体験群がバカリの本質であるとする。

また、定延(2001)では「探索」という人間の認知行動の概念が提案される。「探索」とは、話し手が知っている領域を拡大する行動、つまり、話し手が未知の空間がどのような様子かを調べることであるとする。複数回の探索結果が話し手の体験群となる。

「ばかり文」がもたらす話し手の体験内容は、動詞のアスペクトと関係する。(10)(11)は、それぞれ「上がる」「傾く」という変化を含意する動詞であるため、話し手の体験の対象となる事態は、その程度がある方向へと変化するという、一方向の傾きを持ったものとなる。1回目の体験より2回目、2回目より3回目と、上昇あるいは傾きの程度が高くなる。(10) は、物価が気になり時折チェックするが、その都度、前回より高い数値を観察するという意味になる。

一方、(8)と(9)には、それぞれ「泣く」「遊ぶ」という動詞が含意する動きの継続性が関わり、話し手の体験の対象となる事態は、程度や量に増減は

なく、ある意味で均質な体験である。(8) は、ある子どもの刺激に対する反応を探索し、何か聞かれたときの様子を見ると、その子どもが泣いている姿を複数回目撃する、(9) は、自分の子どもの行動の場面がどのようかと探索すると、遊んでいる姿を複数回目撃するというような意味になる。

(7) はどうか。バカリの前は名詞「海」であり、動きや変化は含意されない。話し手が日本の周囲を探索領域として、それがどのようであるかを観察すると、何回見ても海が目に入るという意味になる。動きの継続や変化の体験ではなく、ある均質な状態を見出す体験が複数存在したということを表す文となる。このように、「ばかり文」の解釈には、バカリが接続する語が動きを表すか状態を表すか、また動きを表す場合は、それが継続的か変化を伴うかといったアスペクトが関与する。「ばかり文」の複数性の本質とは、探索結果としての話し手の体験の複数性ということができる。

4. さらに

使用頻度はあまり高くないが、(12) から (14) のような動詞の辞書形につく「ばかり文」がある。

(12) 試験は終わった。あとは合格発表を待つバカリダ。
(13) 出国手続きを済ませた。あとは搭乗案内を待つバカリダ。
(14) プロジェクトの企画が通った。あとは実行に移すバカリダ。

これらは発話時点での話し手の何らかの心構えを表すとは言えそうだが、話し手の体験の複数性（体験群）を表すとは思えない。(12) のようなバカリをダケと比べてみよう。

(15) 試験は終わった。あとは合格発表を待つダケダ／待つバカリダ。

(15) で、「待つだけだ」は、受験に関連してするべきことのリストから済ませたことをチェックしていくと、唯一「合格発表を待つこと」が残るという排他的な意味になり、最後の選択肢が取り立てられている。一方「待つばかりだ」にはリストの最後の項目の排他的なとりたての意味は感じられない。むしろ、来るべき事態への話し手の心の内が現れていると感じられる。

(12) から (15) のような「ばかり文」にも探索と探索結果の複数性が関与する。ただし、それは (8) や (10) のような話し手の体験は表さない。(15) は、試験が終わった段階で話し手が心内を探索領域として探索した結果、未

来のある事態に関して同一の心象風景または心内画像、すなわち、試験結果の発表を待つ自身の姿が複数回確認され、合格を願う気持ちの表明という話し手の発話意図が示される。「ばかり文」が前提とする探索と探索結果の複数性を利用した表現意図の表出である。このような「ばかり文」には、願望や祈願を表す動詞が観察されることが多く、話し手のある事態への強い思いが表現されると言えるだろう。

　総じてとりたて用法の「ばかり文」には、話し手の探索という認知操作が関わると言うことができそうである。

（近藤）

⇒アスペクト的な「ばかり文」については第15課参照。

第25課 |「のだ」

1. これまで

　現代日本語の日常会話では、ノダ（のです、んです、んだなど）を伴う発話が頻出する。以下ノダを伴う発話をノダ文、伴わない発話を非ノダ文と呼ぶ。例（1）（2）を見よう。

　（1）［Bが正装している］
　　　A：お出かけですか。
　　　B：卒業式なんです／?卒業式です。
　（2）［Bが約束に遅れた］
　　　A：どうしましたか。
　　　B：事故があったんです／?事故でした。

(1)と(2)で、AはBの状況についてその原因や理由を問うことを意図した発話である。非ノダ文による返答はBの状況を引き起こした出来事をそのまま述べるだけで、Aは違和感を覚えるだろう。一方、ノダ文による返答はAに違和感をもたらさない。日本語母語話者は無意識にノダ文と非ノダ文を使い分けている。

　日本語学習者は、学習がかなり進んだ段階でも(2)のような場合にノダ文の非用や(3B)のようなノダ文の誤用が見られる。(3)は遅刻の言い訳の押しつけのように聞こえ、不適切になる。

　（3）B：事故があったんですから。

　近年、ノダ文の分析は、従来の「説明」説に代わり「関連づけ（関係づけ）」説が主流である。話し手は何らかの情報（状況や先行文脈）に関連づけられる情報をノダ文で提供する。ノダ文の使用には2つの情報が関与する。(1)の場合、卒業式出席がBの正装の理由として、(2)の場合、事故が遅刻の原因として関連づけられている。

2. しかし

　従来個別の用法として記述された(4)から(9)のような例は、関連づけに

よる解釈が難しいとされる。

（４）前置き：あのう、郵便局へ行きたいんですが…。
（５）告白：私、来月結婚するんです。
（６）注意・命令：［漫画に夢中の子どもに］教科書も読むんですよ。
（７）言い換え：私はAO入試で、一般入試じゃなかったんです。
（８）決意表明：ぼく、将来医者になる。絶対になるんだ。
（９）気づき：［初めて相手の英語を聞き］へえ、英語が話せるんだ。

また、ノダ文は疑問文にもよく現れる。

（10）そのカメラ、？どこで買いましたか／どこで買ったんですか。

(10)の話し手は「相手がそのカメラをどこかで入手した」という前提を考える。話し手は前提の「どこかで」を疑問の焦点として質問する。一般に前提を持つ疑問文にはノダの使用が多い。ノダ文はまた、(11)のようにノデハナイの形で前提を持つ疑問文の返答にも現れる。

（11）A：そのカメラ買ったの。
　　　 B：いや、買ったんじゃなくて、誕生日にもらったんだ。

(10)(11)のような疑問文のやり取りでのノダ文の解釈も問題となる。

3. 実は

● 3-1　共同注意態勢

　話し手と聞き手は基本的に相互に協力しながら情報を伝達しようとする。これは協調の原理と言われ、話し手は、この原理を前提に聞き手と共同注意態勢（第3課）を築こうとする。円滑な情報伝達には、聞き手がすでに話し手と共同注意態勢にあるか、指示されればすぐにその態勢に移行できる状態にいる必要がある。

● 3-2　ノダの関連づけ

　ノダが関連づける2つの情報を〈見え〉（第1課）とする。1つは発話の場で話し手と聞き手がすぐにわかるイマ・ココの〈見え〉で、言語化されているとは限らない。もう1つは、話し手が聞き手にとって新情報であると信じる、

話し手しか知りえない〈見え〉である。話し手はこの〈見え〉をイマ・ココの〈見え〉に主観的に関連づける。2つの〈見え〉は、条件関係（P → Q）または同義関係（P = Q）で関連づけられる。

(12) ノダの関連づけ
　　　話し手が、イマ・ココの〈見え〉と、聞き手にとって新情報であると話し手が信じる〈見え〉とを、条件関係または同義関係として主観的に把握したことを示す。

　聞き手による解釈を考える。私たちは、一見無秩序な発話群にも何らかの秩序だった解釈を見出そうとする。この秩序は談話の整合性（coherence）と呼ばれ、一般に代名詞や接続表現などが手掛かりとなる。聞き手は、発話の理解過程でそれらの手掛かりを探す。ノダも、聞き手に話し手の関連づけを示唆する談話の整合性の手掛かりとなる。この手掛かりがノダの手続き的意味 (13) である。

(13) ノダの手続き的意味
　　　ノダ文で発話のイマ・ココに新たに導入された〈見え〉と、前提と帰結あるいは同義関係が成り立つような〈見え〉をイマ・ココに探索し、それらを関連づけて解釈せよ。

聞き手はノダの手続き的意味に従って2つの〈見え〉を関連づけて解釈する。

● 3-3　ノダ文の再分析

　再び (4) から (11) について考える。まず、(4) の前置きと (5) の告白はどちらも通常ノダ文の前に「あのう」「すみません」などを伴い、聞き手に共同注意を促す。ノダ文がイマ・ココに導入する〈見え（依頼や告白）〉は聞き手にとって新しく、聞き手は共同注意態勢の喚起と関連づけて解釈し、後続発話を待つ。

　(6) の注意・命令では、ノダ文に命令の機能があるのではないことは、「教科書も読む！」など動詞の辞書形の非ノダ文でも命令となることからわかる。聞き手はノダ文が導く〈見え〉に関連づけられる〈見え〉をイマ・ココに探索し、それを自身のイマ・ココの状況と解釈し、協調の原理に基づいてノダ文が聞き手の状況を変えよという指示であると理解する。

　(7) 言い換えと (8) の決意表明は (13) の同義関係の場合である。(7) は話し手が直前の文脈で自身が提供した〈見え〉と P = Q の関係にある新しい〈見

え〉をノダ文で導入する。(7) は、話し手が直前に断言した〈見え(医者になる意志)〉をノダ文により同義反復させる。聞き手にはノダ文で導入された〈見え〉に新しさはなく、旧情報を重ねることにすぎないが、協調の原理に基づいて同義反復を話し手の行為遂行の意志と解釈する。

(9) の気づきでは、話し手はノダ文で導く〈見え(聞き手の能力)〉に聞き手の共同注意を促すが、それは聞き手には新情報ではない。聞き手は、協調の原理に基づいて推論し、旧情報が新情報として関連づけられたことを話し手の認知状況の変化つまり話し手の知識の書き換えを意味すると理解する。

疑問文に現れるノダ文は、疑問の前提に関連づけて疑問の焦点を問う形になっている。(10) では会話のイマ・ココの〈見え〉から導き出される前提「田中がどこかでカメラを買った」に関連させて疑問の焦点を問う。ノダ文で質問の焦点を否定する (11) では、A がノダ文の質問の形でカメラと入手方法の関連づけが妥当かどうかを問い、B はノダ文の否定（ノデハナイ）で A の関連づけが妥当ではないことを表明する。

ノダ文のさまざまな用法は、同じような条件で繰り返し使われることを通して慣習化されたものと考えられる。ただし (14) のように、聞き手が必ず話し手の意図通りに推論するという保証はない。

(14) ［生徒が早退したいと思って］
　　　生徒：先生、さっきから気持ちが悪いんです。
　　　教師：じゃ、保健室に行きなさい。

4. さらに

(3B) の「んですから」の不自然さは、ノダによる関連づけの指示と接続助詞カラによる理由づけという、いわば理由づけの重複による。ただ、「んですから」が正用となる状況もある。例えば (15) の A2 のように誘いを断わられた後に再度誘う場合や、B2 のように誘いを断った後再度誘われて断る場合には、ノダが指示する関連づけにカラを後接させる「んですから」によって、再度の誘いや再度の断りの理由づけという発話意図を際立たせることができる。

(15) A1：飲みに行かない？　いい店知っているんだ。
　　　B1：ごめん、仕事があるんだ。
　　　A2：たまにはいいじゃない。いつも忙しいんだから。

B2: だめ。今日中の仕事なんだから。

　また、状況によっては、共同注意を喚起し、2つの〈見え〉の関連づけを指示することが聞き手への配慮を欠き、待遇表現上の問題を生じる可能性がある。病院の初診場面などがそれで、医者が「どうしたんですか」などのノダ文を使用すると、患者の症状が発話のイマ・ココで明らかであることを患者に伝え、不必要な精神的負担を与えかねない。医師は、患者の症状が明らかな場合でも、「どうしましたか」などの非ノダ文を使用し、聞き手への配慮に関わる待遇表現上の問題を回避することがある。ここから、ノダ文による関連づけの是非が話し手と聞き手の人間関係、話題の性質、会話の場などの要素によって制約を受けることが示唆される。

（近藤）

⇒「わけだ」による関連づけについては第26課参照。

第26課 │「わけだ」

1. これまで

「のだ」(第25課)に類似した文末形式として「わけだ」がある。「わけだ」は、本来、実質名詞であった「わけ」の語彙的意味が希薄化して形式名詞となり、判定詞「だ」が承接して機能語化、文法化した文末形式である。「わけだ」はひとまとまりで、「説明」のモダリティ形式と分析される。

(1) 君、中高一貫教育の学校に行っているんだってね。高校入試のプレッシャーはないわけだ。
(2) [内言]仕事を始めたのは昼過ぎだったのに、もう夕方だ。5時間も仕事に熱中していたわけだ。
(3) A: 小学校から高校までアメリカにいたんだ。
　　B: それじゃあ、英語はペラペラなわけだ。
(4) A: 今日、山田は口数が少ないね。
　　B: 失恋したらしいよ。
　　A: 元気がないわけだ。
(5) [内言]この部屋暑いな。あ、エアコンが入ってない。暑いわけだ。

近年、「わけだ」を「のだ」同様に話し手による事態の関連づけ機能を持つ文末形式として分析する研究が多い。

2. しかし

「わけだ」の表す関連づけと「のだ」による関連づけには、どのような違いがあるだろうか。「わけだ」と「のだ」の言い換え可能性を見てみる。
(1)(2)(3)は(6)(7)(8)のように「のだ」で言い換えることが可能だが、(4)(5)は(9)(10)のように言い換えることができない。

(6) 君、中高一貫教育の学校に行っているんだってね。高校入試のプレッシャーはないんだ。
(7) 仕事を始めたのは昼過ぎだったのに、もう夕方だ。5時間も仕事に熱中していたんだ。

（ 8 ）　A：　小学校から高校までアメリカにいたんだ。
　　　　　B：　それじゃあ、英語はペラペラ<u>なんだ</u>。
（ 9 ）　A：　　今日、山田は口数が少ないね。
　　　　　B：　　失恋したらしいよ。
　　　　　A：　＊元気が<u>ないんだ</u>。
（10）　この部屋暑いな。あ、エアコンが入ってない。＊<u>暑いんだ</u>。

　また、(1)(2)(3)も、「のだ」に換えると何らかのニュアンスの違いが感じられる。どちらも話し手による事態の関連づけの言語標識でありながら完全な互換性がないことから、2つの文末形式の関連づけに質的な違いがあることがわかる。

3. 実は

● 3-1　2種類の〈関連づけ〉：1つの〈見え〉と2つの〈見え〉

　話し手による関連づけに2通りの可能性があると考える。1つは、「のだ」で見たように、話し手がイマ・ココの〈見え〉に、話し手しか知りえないもう1つの〈見え〉を関連づけて聞き手に提示するもので、話し手の主観による関連づけと言える。もう1つは、話し手がイマ・ココで聞き手と共有できる2つの事態、つまり2つの〈見え〉の関係を認識したことを提示するものである。前者が「のだ」による関連づけ、後者が「わけだ」による関連づけである。

　「わけだ」が表出する関連づけは概略次のようなものと考える。話し手は、イマ・ココで、1つの事態（〈見え1〉）を認識する。次に、別の事態（〈見え2〉）が認識され、話し手はその2つの〈見え〉の間に「P→Q」という条件関係を認め、その関連づけを「わけだ」で聞き手に提示する。「わけだ」の関連づけは、論理的な推論や計算に裏づけされた関連づけで、その関係は話し手が誰かを問わず客観的に認められる。「のだ」と「わけだ」の関連づけは次のようにまとめられる。

（12）　のだ：主観的な関連づけ。イマ・ココの1つの〈見え〉に話し手にしか見えないもう1つの〈見え〉を前提と帰結あるいは同義関係が成り立つような関係として関連づけて、共同注意の態勢にある聞き手に差し出す機能

（13）　わけだ：論理的、客観的な関連づけ。イマ・ココの2つの〈見え〉を

推論に基づいて関連づけ、共同注意態勢にある聞き手に提示する機能。

「のだ」と「わけだ」の関連づけの違いは、話し手の主観的な関連づけか、あるいは論理的推論に基づく、より客観的な関連づけかということになる。

● 3-2 「わけだ」の関連づけ:「のだ」との対照

「わけだ」で関連づけが提示される状況は、基本的に3種類ある。第1は、話し手がある情報Pに別の側面からの解釈Qを提供する場合、第2は、話し手が与えられた情報Pからその当然の帰結Qをイマ・ココに認める場合、第3は、情報Qを認識した後に、別の情報Pが与えられ、PとQの間に「P→Q」という因果関係を認めた場合である。

第1用法は言い換え（P＝Q）の用法で、「のだ」で置き換えられる。例としては、前述の(1)や(14)がある。

(14) A: 卒業したら就職するよ。
     B: いよいよ君も社会人になるわけだ／んだ。

第2用法は、PからQへの計算を伴う論理的な推論によるもので、「のだ」による置き換えが可能だが、「のだ」にすると、話し手の主観性がより強く感じられる。例には、前述の(2)(3)や(15)がある。

(15) あ、1万円札がいつの間にか500円になってる！ 9500円も使っちゃったわけだ／んだ。

第3用法は、「のだ」による置き換えはできず、「わけだ」には卓立（プロミネンス）がかかり、音声的に際立つ（以下、音声的な際立ちを囲みで示す）。例は、前述の(4)(5)である。

(4) A: 今日、山田は口数が少ないね。
      B: 失恋したらしいよ。
      A: 元気がない わけ だ。

(5) [内言]この部屋暑いな。あ、エアコンが入ってない。暑い わけ だ。

「のだ」に置き換えられない第3用法では、話し手は、イマ・ココの1つの〈見え〉((4)山田の様子、(5)部屋の暑さ)を認識し、次にもう1つの〈見え〉((4)山田の失恋、(5)エアコンの状態)を認識する。2つの〈見え〉はどちら

もイマ・ココで認識が可能な情報である。仮に、前者の〈見え〉をQ、後者の〈見え〉をPとする。話し手は、あとで認識したPを前提に推論し、2つの〈見え〉の間に「P→Q」の因果関係を認め、先に認識したQを納得したことを「わけだ」によって提示する。第3用法の「わけ」には音声的弱化はなく、逆にプロミネンスを伴って発音される傾向にあり、「わけ」の語彙的意味は保持されていると言える。この用法では、音声的効果（卓立）だけでなく、副詞「道理で」を用いることで、帰結（Q）をさらに強調することもできる。

（4） A：道理で元気がない わけ だ。
（5） 道理で暑い わけ だ。

一方、(4)(5)が「（それ）だから／それで」などの順接の接続表現を伴うと、「のだ」の使用も可能になり、逆に「わけ」にはプロミネンスがかからなくなる。この「わけ」は第2用法となる。

（4） A：今日、山田は口数が少ないね。
　　　B：失恋したらしいよ。
　　　A：だから／それで元気がないんだ／わけだ。

「道理で」と音声的卓立を伴う「わけだ」が帰結（Q）を際立たせるのに対して、順接の接続表現を伴う「のだ」と「わけだ」は、「失恋したから元気がない」という前提（P）と帰結（Q）の2つの〈見え〉の関連づけを表すにすぎない。

4. さらに

「わけだ」は、(16)のように、イマ・ココの〈見え〉と話し手しか知りえないもう1つの〈見え〉との関連づけを表すことはできない。ここでは、「のだ」の使用が適切である。

（16） A：疲れた顔をしてるね。
　　　 B：実は、夕べ寝られなかった＊わけだ／んだ。

「わけだ」による関連づけは、イマ・ココで聞き手も共有できる2つの〈見え〉の間の論理的な推論に基づく関連づけであり、イマ・ココの1つの〈見え〉に関わる主観的な関連づけの「のだ」で100％言い換えることはできない。また、第3の用法から、「わけだ」は文法化の過程にありながら「わけ」

の語彙的意味を完全に喪失していないことが窺われ、この点も「のだ」と異なる。

　また、言うまでもなく、「わけだ」には、「のだ」の文法化の過程で慣習化された「前置き」「気づき」「決意」「命令」などと呼ばれる用法に相当する用法がない。

　2つの情報の関連づけの機能を持つとされる「のだ」と「わけだ」には、話し手の主観性の表出の点で大きな違いがある。「のだ」は、話し手の主観的な関連づけの指標、「わけだ」はより客観的な関連づけの指標と言うことができる。

（近藤）

⇒「のだ」による関連づけについては第25課参照。

第 27 課 ｜ 前提・焦点・省略

1. これまで

　日本語では、話し手と聞き手、書き手と読み手が共通に理解していることは省略してもよいと言われる。以下、「話し手」を「話し手／書き手」の意味で、「聞き手」を「聞き手／読み手」の意味で用いることとする。

> **（ 1 ）** 田中は今日までのレポートがあった。**徹夜して書いて、締切ぎりぎりに出した。**

(1)を聞いて「誰が徹夜したの？」「何を書いたの？」「何を出したの？」などと質問することはまずない。(1)には3か所に省略されたと思われる部分があるが、聞き手がその部分の解釈に戸惑うことはない。(2)の「Ø」は、省略された部分を示す。

> **（ 2 ）** 田中は今日までのレポートがあった。(Ø1) 徹夜して (Ø2) 書いて、締切ぎりぎりに (Ø3) 出した。

(3)は(2)の省略された部分を補ったものである。

> **（ 3 ）** 田中は今日までのレポートがあった。田中は徹夜してレポートを書いて、締切ぎりぎりにレポートを出した。

(1)と(3)を比べると、伝達される情報に内容的な差はないが、(3)は、固有名「田中」や同じ名詞「レポート」が繰り返し現れるため、省略を含む(1)より冗長で不自然に感じられる。

　談話にはまとまりがあり、それを結束性（cohesion）と呼ぶ。談話の結束性は、談話を構成する部分と部分との関係づけにあり、それを担う言語的手段として「代用」「指示」「省略」などを認めている。「代用」は前の文脈に現れた名詞句の代わりに人称詞や代名詞を使うこと、「指示」は前の文脈や後続文脈に現れる語句を指示語などで指し示すこと、そして、「省略」が(1)の「Ø」に当たり、伝達上不必要な表現を省くことで冗長さを回避することができる。いずれも、語句の繰り返しによる冗長さを回避して、談話の結束性を維持する言語手段である。

2. しかし

　省略は、(1)のように語句全体を省くものばかりではない。名詞句を残して助詞のみを省略することもある。(4)を見てみよう。

　　（４）友達と映画 (Ø1) 見に行って、帰りにマンガ (Ø2) 買った。

(4)の省略された助詞を補ってみると(5)になる。

　　（５）友達と映画を見に行って、帰りにマンガを買った。

(5)は(4)と情報量に差は感じない。また、(3)ほどの冗長さもない。(4)に助詞ヲを補っても意味に違いが感じられないことから、この(Ø)は無助詞ではなく、助詞の省略と考える。

　(1)や(4)のような省略を含む発話を聞いても理解に支障がないのは、省略された部分を聞き手が適切に復元できるからだと言われる。

　ということは、情報伝達が成功するためには、話し手は、聞き手による復元が可能な省略要素を選択しなければならず、聞き手は省略された要素を復元できなくてはならない。話し手による省略要素の選択と聞き手による省略要素の復元とはどのようなことだろうか。

3. 実は

● 3-1　前提と焦点

　久野 (1978) は、(1)のような省略の成立する条件や制限を分析し、日本語の省略規則には (6B) のように、復元可能な要素を省略して本動詞を残すこと、また (7B) のように、復元可能な要素を省略して残る要素に「だ」をつけて文の資格を与えることなどがあるとする。

　　（６）A：昨日、図書館で勉強した？
　　　　　B：うん、勉強した。
　　（７）A：昨日、何を勉強した？
　　　　　B：数学だ。

　また、省略の順序には、文脈中であまり重要ではない要素を残して、より重要な要素を省略してはならないという規則があるとする。

（8）A：太郎は昨日この本を渋谷で買ったの。
　　　B：a. ??うん、買った／　　?うん、昨日買った。
　　　　　b. 　うん、渋谷で買った／うん、渋谷でだ。

　何かの要素に特にプロミネンスが置かれない限り、一般に疑問の焦点は動詞の直前に現れるとされる。(8A) は太郎が昨日この本を渋谷で買った事実の肯否を問うのではなく、太郎が昨日この本をどこかで買ったということを前提にして購入場所が渋谷かどうかを焦点として問うものである。(8Ba) は、焦点となるべき要素を省略し、前提情報のみで回答しているため不適切である。(8Bb) は、前提の要素を省いて焦点の情報を提供する適切な返答であり、談話に結束性が生じる。省略されうる要素は、(8A) の前提の構成要素である。省略された要素を聞き手が支障なく理解するのは、理解過程で、百科事典的知識や直前の文脈などに基づいて推論を行うからである。

● **3-2　動詞の格枠組み**
　聞き手は何を手掛かりに省略された要素を推論するのだろうか。(1) のような省略が伝達上支障をきたさないのは、聞き手が、文脈や話し手との共有知識に加え、「書く」「出す」などの動詞がどのような要素を必要とするかに関する知識を有するからである。例えば、「徹夜する」は行為者を必要とし、「書く」は行為者と行為の対象を必要とする。また、「出す」は行為者、行為の対象、対象の移動先を必要とする。これを動詞の格枠組み（格フレーム）と呼び、ここでは、暫定的に (9) のように記述する。

（9）［徹夜する：〈動作主〉が］
　　　［書く：〈動作主〉が、〈対象〉を］
　　　［出す：〈動作主〉が、〈対象〉を、〈対象の移動先〉に／へ］

　(1) では、「徹夜する」の格枠組みの〈動作主〉を直前の文脈に探索し、それを「田中」と推論する。次に、「書く」の格枠組みから〈動作主〉と〈対象〉を直前の文脈に探索し、それぞれ「田中」と「レポート」と推論する。最後に、「出す」の格枠組みを使って〈動作主〉〈対象〉〈移動先〉を探索する。「田中」「レポート」は直前の文脈から推論可能だが、〈移動先〉は推論できない。
　しかし、推論の根拠となる情報は、直前の文脈だけとは限らない。直前の文脈に手掛かりがないレポートの提出先は、百科事典的知識や話し手との共有情報から推論可能である。聞き手は、個々の述語が要求する格枠組みの知

識に基づいて、直前の文脈や百科事典的知識から省略された要素を推論することができるのである。

次に、(4)のような助詞の省略については、どんな助詞でも省略可能なわけではない。例えば、他動詞の格枠組みが要求する要素のうち対象を表すヲは省略できるが、動作主を表すガは省略しにくい。

(10) 田中 (ガ／*∅) レポート (ヲ／∅) 書いた。

また、一般に(11)のような自動詞の場合、ガは省略しにくいが、(12)のような自動詞の場合は省略可能である。

(11) 太郎 (ガ／*∅) 起きた。
(12) パソコン (ガ／∅) 壊れた。

(12)の「壊れる」のような自動詞は、(11)の「起きる」のような自動詞と区別して、非対格動詞と呼ばれる。「起きる」は動作主をガ格主語にとるが、非対格動詞のガ格主語は「対象」の意味役割を持つ。「つく」「消える」「開く」「閉まる」「落ちる」なども同様の例である。非対格動詞の格枠組みでは、ガは他動詞のヲ同様に〈対象〉を表すと分析される。例えば「壊す」と「壊れる」の格枠組みはそれぞれ(13)になり、いずれも対象を表す助詞が省略可能である。

(13) ［壊す:〈動作主〉が、〈対象〉を］;［壊れる:〈対象〉が］

ガとヲ以外の助詞について考えよう。「行く」の格枠組みで目的地を表すニは省略可能だが、時間を表すニは省略できない。場所を表すデ、手段を表すデ、カラ、マデも省略できない。

(14) 昨日、学校 (ニ／∅) 行った。
(15) 6時 (ニ／*∅) 起きて、部屋 (デ／*∅) 勉強した。
(16) 田中は、新幹線 (デ／*∅) 東京 (カラ／*∅) 京都 (マデ／*∅) 行った。

(15)(16)の省略できない助詞は、動詞の格枠組みに関与せず、「場所／道具、起点、限界点」などの固有の意味を有し、動詞を中心に表される事態に時や場所、道具などの付随的な情報を提供する。通常これらが省略されないのは、省略されるとその固有の意味が失われ、残された名詞句の意味役割を推論することが難しいからである。

4. さらに

話し手がある状況をイマ・ココで目撃したり、気づいたりしたとき、その気づきの表出ではガ格の省略も許される。

(17) ほら、太郎（ガ／∅）起きたよ。
(18) あっ、バス（ガ／∅）来た。
(19) あっ、雨（ガ／∅）降ってる。

これらは、話し手のイマ・ココの体験をそのまま言語化したものだが、ガが省略可能なのはなぜか。(11)では、「起きた」のが「太郎」だというガ格の排他の意味が読み取れ、「太郎」が焦点であるという解釈が成り立つ。一方、イマ・ココの体験の表出としての(17)(18)(19)は、「太郎が起きた」「バスが来た」「雨が降っている」という事態がそれぞれひとまとまりで、話し手の伝達の焦点となる。ガを言わないことにより、イマ・ココで体験した事態を主語と述語とに分割せず、まるごと焦点化することが可能になるのかもしれない。

（近藤）

⇒ 無助詞については第20課参照。

第5章
事態への態度

第28課 「でしょう」
第29課 「かもしれない」
第30課 「と思う」
第31課 「ものだ／ことだ」
第32課 「ほうがいい」
第33課 「つもりだ」
第34課 「ように」
第35課 「しよう」

第28課 │「でしょう」

1. これまで

「でしょう」は日本語教育初級で必ず扱われる項目で、次のような文で提出されることが多い。

（1） このりんごは甘い<u>でしょう</u>。
（2） 田中さんは、明日会社に来ない<u>でしょう</u>。
（3） 図書館は、午後10時まで<u>でしょう</u>。

「でしょう」の主な用法は、上記(1)(2)(3)のように断定しないで述べる推量であり、他の推量の表現「かもしれない」や「と思う」よりは確信の度合いが強いと説明される。そしてもう1つの用法として「でしょう」が上昇イントネーションで発話される場合は、話し手の考えが正しいかどうかを聞き手に確かめる確認の意味になると言われ、日本語教育では中上級で教えられることが多い。

新屋・姫野・守屋（1999）は、日本語教育において、未来の事態を表す用例のみで「でしょう」を提示すると、「未来」を表すテンス（時制）形式だという誤解を与える可能性があるため、(4)(5)のように現在や過去の事態に「でしょう」を用いた用例も提示すべきだという。

（4） 今ごろは、家で食事をしている<u>でしょう</u>。
（5） それは大変だった<u>でしょう</u>。

未来の事態について「でしょう」がよく用いられるのは、これから先のこと（未来）は断定できないためにすぎず、過去（でした）・現在（です）・未来（でしょう）の流れで説明すべきものではない。

このように「でしょう」はモダリティの形式としての分析が基本である。「モダリティ形式」とは、話題となっている事態を話し手がどのように捉え（命題めあてのモダリティ）、それを聞き手にどのように伝えようとするか（発話・伝達のモダリティ）を表す形式である。その中で「でしょう」は前者に位置づけられ、「かもしれない」や「にちがいない」などとともに、ある事態が真であるかそうでないかの判断を表す「真偽判断のモダリティ」の表現形式の1つである。

2. しかし

　「でしょう」が対話の中で用いられるのはどんな場合であろうか。話し手が断定する自信がないという理由で推量「でしょう」を用いて述べているのだろうか。りんごが甘いかどうかわからないときに、上記 (1) のように「このりんごは甘いでしょう」と言われた場合、それが自分と同じ知識レベルの人の発話であれば「どうしてそんなことがわかるの？」と聞きたくなる。また同じ発話であってもそれが聞き手よりりんごについて知識がある人のものであれば、どういう根拠であるかは明確にされずとも納得してしまう。つまり「でしょう」はかなり確信のある発言とも言え、話し手の背景や話し手と聞き手の関係が「でしょう」の使用に影響しているようにも思われる。

　また「でしょう」の「確認要求」の用法は異なる次元で説明されることが多いが、一貫性のある説明があるのではないかと考える。

　「でしょう」は、事態を確かかどうかわからないものとして述べる「命題めあてのモダリティ」だけでなく、同時に「発話・伝達のモダリティ」の機能も持つのではないだろうか。

3. 実は

● 3-1　情報量と「でしょう」

　「でしょう」は事態を確かかどうかわからないものとして述べる（推量）表現形式である。寺村 (1984) は、およそ推量をするのにまったく根拠がないということはなく、「でしょう」という形で推量の表現をするのは、その根拠が自分個人の知識や経験にすぎない場合で、結局は確言的な断定の「です」と変わらないと言う。にもかかわらず、断定「です」を避けるのは確信度が低いのではなく、やわらかい調子のものにしたというだけだと述べている。つまり「でしょう」は自信のある断定的な表現だということである。

　一般的に対話において、話し手は常に話し手と聞き手が当該の話題についてどのくらい知る立場にあり、また知っているかを意識しつつ発話する。話題が話し手の領域にある場合や、話し手のほうが話題についてよく知っていると認識している場合は、聞き手に対して断定的な表現で語り、話題が自らの領域にない場合や話題について知る立場にない場合には、非断定的な表現を用いるのが一般的である。つまり話し手と聞き手の相対的な情報量の多寡の認識が表現の確実性や断定の度合いに関与してくると考えられ、「でしょ

う」はその中で、情報量の多いほうが用いることになる。

　また「でしょう？」の確認要求は情報量の多い聞き手に上昇イントネーションで確認することになり、「でしょう」と「でしょう？」の用法は相補的であると言える。

　「でしょう」の普通体である「だろう」については、宮崎(1993)が情報領域をもとに談話機能の問題として捉え、神尾(2002)は情報の縄張り理論で論じているが、両者とも「だろう」の推量と確認要求の2つの機能が相補的であると分析している。

● 3-2　推量（でしょう）

　まず、当該話題が話し手の領域にあるなど、話し手が聞き手より当該の話題について多くの情報を持っていると話し手が認識しており、一般的に聞き手もそう認識している場合について考える。

　(6)(7)は話し手に属する情報（属性や意志）について述べている。

（6）（私は）二十歳です／＊でしょう。
（7）（私は）今年結婚します／＊するでしょう。

推量の余地がないため「でしょう」は容認されず、「二十歳です」「結婚します」という断定の形式を用いることになる。

　(8)は、BがAに妻の行動について尋ねられる場面である。

（8）A：奥さん、今日いらっしゃいますか。
　　　B：ええ、来ます／来るでしょう。
　　　A：それはうれしいですね。

「来ます」は確信がある場合で、「来るでしょう」は100％の確信はないが、夫Bの知る何らかの根拠によって妻が来ると推測しており、AはBの推測を根拠も聞かずに納得している。これは当該の話題がBの領域にあり、AよりBの情報量が多いと双方が認識していることによる。

　(9)(10)は運勢と天気を予測する場合である。

（9）あなたは来年結婚するでしょう。
（10）明日は、晴れるでしょう。

(9)は一般の人の発話であれば不自然であるが、占いを専門とする人が発話すると、聞き手の運命が話し手（占い師）の専門領域で把握されていると双方

が認識しているため自然になる。(10) も (9) と同様、気象予報士の発話であれば、話題（天気予報）は話し手の専門領域にあると認識されているため、聞き手はその理由を聞かずとも納得できる。

● 3-3　確認要求（でしょう？）
「でしょう」を上昇イントネーションで用いるのは、聞き手のほうが話し手より当該の話題について多くの情報を持っていると話し手が認識している場合で、(11)(12) のように、話し手の事態の認識が確かかどうかを聞き手に確認（確認要求）することになる（「↑」は上昇イントネーションを、「↓」は下降イントネーションを示す）。

(11)　(あなたは) 二十歳でしょう？（↑）
(12)　奥さん、明日いらっしゃるでしょう？（↑）

(13) では、「でしょう（↓）」の場合、和子の情報は話し手の領域に属し、「でしょう？（↑）」の場合は聞き手の領域に属することになる。

(13)　和子さんは二十歳でしょう（↓）／でしょう？（↑）。

庵 (2009) は、「確認要求」のほうが実際には「推量」より使用数が多く、「推量」は用法としても特殊であると述べ、日本語教育では、推量より先に確認要求を教えるべきであると提案している。

4. さらに

金水 (1992) は、確認要求の「でしょう」が、下記の (14)〜(16) に見られるような機能を対話の中で果たすことがあるという。

(14)　ほら、あそこに見えるでしょう。
(15)　滑るから気をつけるようにいつも言ってるでしょう。
(16)　この春、大雪が降ったときがあったでしょう。

ここでは「でしょう」は、本来共有すべきなのに、何らかの事情（気づいていない、忘れているなど）により共有できていない知識を回復しようとして、聞き手領域で確認してくれるよう要求するために用いられている。
ところが最近、(17) のような「でしょう？」が問題になっている。

(17) ?私って、コーヒーが好きでしょう？　だから……

　話し手がコーヒーが好きなことを聞き手が前から知っている場合は問題がないが、聞き手が初めて聞く情報であれば、もともと共有していない情報について確認されることとなり、知っていて当然と言われたかのように感じられる。そのため唐突だという不快な印象を聞き手に与えることになるが、これは確認要求の「でしょう？」が、前置きとして用いられるようになってきていることを示すのであろう。

(足立)

⇒「かもしれない」については第29課、「と思う」は第30課参照。

第29課 ｜ 「かもしれない」

1. これまで

「かもしれない」は、(1)(2)のように日常よく耳にする表現である。

（１） ちょっと、遅れるかもしれない。
（２） 夕方、雨が降るかもしれない。

「かもしれない」は、「だろう」「にちがいない」と同様、「真偽判断のモダリティ」の形式であり、可能性を表すという。

（３） 太郎は来る。
（４） 太郎は来るかもしれない／だろう／にちがいない。

しかし、「かもしれない」は、「だろう」「にちがいない」と異なり、(5)(8)のように、可能性が複数存在してもよいし、お互いに矛盾する可能性が並存してもよい。

（５）　帰るかもしれないし、帰らないかもしれない。
（６）　*帰るだろうし、帰らないだろう。
（７）　*帰るにちがいないし、帰らないにちがいない。
（８）　犯人は、身内かもしれないし、友人かもしれないし、知らない人かもしれない。
（９）　*犯人は、身内だろうし、友人だろうし、知らない人だろう。
（10）　*犯人は、身内にちがいないし、友人にちがいないし、知らない人にちがいない。

これは「だろう」「にちがいない」が断定に近い想定を表しているのに対し、「かもしれない」は可能性の1つを提示するからであるとされている。

2. しかし

(11a)(11b)は、いずれも可能性を示すものであるから、一方が成立すれば他方も成立するはずである。

(11) a. 明日は家にいるかもしれません。
　　 b. 明日は家にいないかもしれません。

にもかかわらず (12) において、「家にいないかもしれません」は用いることができるが、「家にいるかもしれません」は用いることができない。

(12) A：明日、お邪魔してもいいですか？
　　 B：明日は、家に＃いる／いないかもしれません。

「かもしれない」が可能性の１つを表すのであれば、「いる」「いない」のいずれに用いてもよいはずであるが、なぜこのような違いが生じるのだろうか。
　「かもしれない」を用いて、話し手はどのようなことを伝えようとしているのであろうか。

3. 実は

● 3-1　可能性の想定

　「だろう」は可能性を特定することに傾くため、推量表現とは言え断定に近いが、「かもしれない」はあくまでその可能性が完全には否定できないことを表すにすぎない。
　したがって話し手にある程度の基本的想定があれば、その基本的想定は「だろう」を用いて表現するが、その他の可能性が完全に排除できなければ、その排除できない可能性については「かもしれない」を用いることになる。

(13) 明日はたぶん晴れるだろうが、ひょっとしたら降るかもしれないから、いちおう傘は持っていこう。
(14) 自由席でも座れるだろうけど、ひょっとして込んでいたら座れないかもしれないから、念のため、指定席取っておこうか。

　「かもしれない」は、話し手が持つ情報に基づけば基本的に想定しがたいが、ないとは言えないような事態について用いられるので、上記のように、万が一の危険性、備えるべき事態に言及する場合などにふさわしいと言えよう。
　日本の自動車教習所や警察などでは、「だろう運転」と「かもしれない運転」という表現を用いて運転者を啓蒙している。(15) は戒められている「だろう運転」である。

(15) a. 対向車は来ないだろう。
　　 b. 歩行者はいないだろう。
　　 c. 急ブレーキをかけることはないだろう。

「だろう」は、話し手が持っている情報に基づいて想定しやすいと認識している事態を表し、断定に近い推測である。つまり「危険なことが起らない」という楽観的な予測に基づいた運転になる。
　他方、(16) は「かもしれない運転」である。

(16) a. 対向車が来るかもしれない。
　　 b. 歩行者がいるかもしれない。
　　 c. 急ブレーキをかけるかもしれない。

「かもしれない」は、想定しにくいものではあるが可能性の1つとして排除できないことを表す。つまり「危険なことが起こる」という悲観的な視点からさまざまな可能性を想定して、十分な余裕を持って運転することを指す。
　「だろう」と「かもしれない」の持つ特徴を生かした表現である。

● 3-2 「かもしれない」の効果
　宮崎他 (2002) は、「実際にはただその可能性があれば、『かもしれない』が使用できるわけではない。可能性を導入するにあたっては、それが当該文脈に対して情報的に有意義であるということが必要である」という。

(17) 母：今日、何時ごろ帰るの。
　　 子：今日、遅くなるかもしれない。

子の答えは、早く帰ることが可能性としては高いが、そうでない可能性にも言及することによって、必ずしも約束はできないという予防線を張っている。
　このような性質を利用して、前置き表現として使用される場合がある。

(18) 間違っているかもしれないが、…
(19) ご迷惑をおかけするかもしれませんが、…
(20) 信じてもらえないかもしれないが、…

(18)～(20) は、間違っていることは言わないように、迷惑をかけないように、信ずるに足ることを話すようにするつもりであるが、間違ったことを言った

り迷惑をかけたり信じられないことを言ったりする可能性に前もって言及しておくことで、聞き手が反論しやすくなり、結果として、丁寧で遠回しな表現となる。同時に、発言に対する責任の回避ともなる。

2. で挙げた（12）は間接的な断り表現である。

(12) A：明日、お邪魔してもいいですか？
　　 B：明日は、家に＃いる／いないかもしれません。

実際に家にいる可能性があっても、「いるかもしれない」と言うのは情報的に有意義でない。「いないかもしれない」と言うことにより、聞き手が想定しにくい可能性ではあっても、その可能性にわざわざ言及することで、聞き手に話し手の発話意図を理解させようとしている。

4. さらに

「かもしれない」は、話し手自身に関する事態についても使用できる。(21)(22) は、自分が経験して知っているはずの過去のことでも自覚がない場合である。

(21) A：鍵、かけた？
　　 B：あ、かけなかったかもしれない。
(22) A：領収書はありますか。
　　 B：あれ、ないな。捨てちゃったかもしれない。

(23) は、プレゼントをもらう前やケーキを味わう前など、未知、未確認、未経験の対象に対する感情と感覚を述べる場合である。

(23) 私、これ、好き／うれしい／ほしいかもしれない。

話し手の内面的な感情、好みなどは、直接的に感知できるものであるから、通常は推測の対象にならないが、(23) のように未知・未確認・未経験の場合のみならず、最近は (24) のように、話し手がイマ・ココで自覚しているはずの自明のことにも使われている。

(24) ［食べながら］私って、これ好きかもしれない！

また、話しことばでは、「かも」という短縮表現が使わることが多い。

(25) A：明日、一緒に行かない？
　　　B：だめかも／行きたくないかも／行けるかも。

　(25B) は、非断定的な表現「かも（かもしれない）」を用いて、自信のない言い方をしたり、話し手自身の存在をぼかしたり、自分のことを他人事のように語ったりしている。
　好みについて述べる際に「かも」を用いると以下のような会話になる。

(26) A：これって私、好きかも。
　　　B：ええ？　私は嫌いかも。

「私、これ、好き」と言われると、面と向かって反対意見を述べにくい。しかし、「好きかも」であれば、あくまで可能性の1つであるから、「私は嫌いかも」と応じても、両者が両立し、対立を避けることができる。

(足立)

⇒ 可能については第17課、「でしょう」は第28課参照。

第30課 │「と思う」

1. これまで

　日本人は「と思う」をよく使うと言われる。実際に次のようにいろいろな発話に見られる。

　　（1）　明日は授業があります／あると思います。
　　（2）　田中さんは優しいです／と思います。
　　（3）　留学したいです／と思います。

(1)は事実、(2)は判断、(3)は願望を表しており、「思う」主体は、明示されていないがすべて話し手である（第2課「私（体験者）」）。
　次の場合、「思う」の思考主体は誰であろう。

　　（4）　太郎は成功すると思う。
　　（5）　太郎は成功すると思っている。

(4)では、「思う」主体は「太郎」でなく「話し手」になり、(5)では、「思っている」のは「太郎」となる。これは、「と思う」の主語が1人称に限定されることを意味する。つまり、「と思う」は感情形容詞に似た「心理述語」と言える。
　思考主体が1人称の「と思う」には、非過去、非否定の形式で、他の動詞と異なり特別な用法が見られる。この用法については次のようにさまざまな解釈がある。
　まず「モダリティ形式化したもの」とし、「だろう」と近似するが対話状況でしか使えないというもの。次に「モダリティ」と認定し、「発話時という瞬間的現在における話し手の心的態度」とするもの。また「文末思考動詞」と名づけ、「と思う」は文末で用いられた場合、実質的な動きを表すというより、ある種の文末表現として機能するとするもの、などである。

2. しかし

　上記の1.の例を見ると、(1)「ある／あると思う」のように「と思う」によって意味が異なってくるもの、(2)「優しい／優しいと思う」のように「と

思う」が何らかのニュアンスを付加するもの、(3)「したい／したいと思う」のように「と思う」があってもなくても意味が変わらないものと、「と思う」の役割がさまざまである。

　何にでも「と思う」がつけられるわけでもなさそうである。それはどうしてだろうか。

3. 実は

● 3-1 「と思う」の用法
「と思う」がどのように用いられているかを思考内容から考える。

① 確信のないことを述べる場合
　事実を話し手の思考内容として述べる場合である。事実というのは真偽を確認できるものを指す。
　(7a) は確信のある発話で、(7b) は確信のない発話となる。

（7）a. 田中さんは来ています。
　　　b. 田中さんは来ている<u>と思います</u>。

　(8) の出身地は話し手の最も知っているはずの情報であり、(8b) のように「と思う」を用いると、普通でない何らかの事情があることを暗示する。

（8）a.　(私の) 出身地は北海道です。
　　　b. ?(私の) 出身地は北海道だ<u>と思います</u>。

　(9) は会議の開始時間を尋ねた社長への秘書の返答である。

（9）a.　　会議は 10 時に始まります。
　　　b. ♯会議は 10 時に始まる<u>と思います</u>。

(9b) は確実に事態を把握していないことを表し、当然知る立場にある秘書の返答としては無責任となる。
　思考内容が事実である場合、「と思う」は、話し手がその事実を不確実な情報として聞き手に伝えることになる。

② 個人的判断を述べる場合
　(10) は話し手の個人的判断（感想、意見など）を表す場合である。

(10) a. 太郎の考え方は間違っている。
　　 b. 太郎の考え方は間違っている<u>と思う</u>。

(10a)は断定的な発話となる。断定により判断を一般化し、共通認識であるかのような含みを持たせ、他の判断を排除することにも繋がる。(10b)は判断があくまでも話し手個人のものであることを伝え、他の人は異なる判断をするかもしれないという含みがある。「間違っている」というような「マイナス評価」の判断をする場合は、「と思う」は遠慮を含意した控えめな表現となる。

　(11)は(10)と異なり「プラス評価」の判断の場合である。

(11) a. 太郎の態度は<u>立派だ</u>。
　　 b. 太郎の態度は<u>立派だ</u><u>と思う</u>。

(11a)の断定的な発話は、「太郎の態度が立派だ」という評価が、一般の共有する判断であることを暗示する。(11b)は個人的な判断だということで、「と思う」のほうが「断定」より、評価のレベルは下がることになる。

　話し手の判断を述べる場合、「と思う」は、その判断を個人的なものであるとして聞き手に伝える。

③ 話し手の感情・願望・意志を表明する場合

　話し手自身の感情・願望・意志を表す場合は、「と思う」の有無は実質的な意味は持たず、発話のイマ・ココに対する話し手の配慮を表すことになる。

　(12)は乾杯の挨拶の発話である。

(12) a. ?乾杯したいです。
　　 b. 　乾杯したい<u>と思います</u>。

(12a)は願望を直接表すことになる。幼稚な印象を与え公的な場面では不適切となる。(12b)は願望を話し手の思考内容として伝達することになる。公的な場面に適した表現と言える。

　(13)は感情表現の場合である。

(13) a. 誘ってくださってうれしいです。
　　 b. 誘ってくださって<u>うれしく思います</u>。

形容詞は「うれしく＋思う」という形式になる。(13a)はうれしさが直接に

表現されるため生の喜びが伝わるが、幼稚な印象は否めない。(13b) は形式的なさめた印象ではあるが、節度のある発話となる。
　(14) は意志表現である。

(14)　a．留学しよう。
**　　　b．留学しようと思います。**

(14a) は意志の直接な表現であり、発話の場の話し手の決意を表している（第35課「しよう」）。(14b) は意志を話し手の思考内容として伝達することで、その決心は一時的なものでない含みを持たせる。
　話し手の感情・願望・意思を述べる場合、「と思う」はそれらの内容には実質的な影響を与えず、単に間接的な表現にするだけである。
　このように思考内容により、「と思う」のもたらす効果や聞き手に伝わる印象が異なり、また「と思う」は対話場面でしか用いられない表現形式であることもわかる。

● 3-2　丁寧さと「と思う」

「と思う」は、思考内容を話し手個人のものとして聞き手に伝えることが基本である。つまり「私の個人的な考えであると断る」ことである。3-1 で述べたように「事実」や「判断」の場合は個人的・主観的・独断的であるという含みをもたらし、「感情・願望・意志」の場合には間接的な表現として伝えることになる。それぞれが、対話場面における、聞き手への配慮ある表現や丁寧さへとつながるものである。

4. さらに

「と思う」は「でしょう」に近似していると言われる。「でしょう」は、真偽判断モダリティの表現形式である（第28課「でしょう」）。
　(15) は医師が患者に病気について説明する場合である。患者はどのような印象を受けるであろうか。

(15)　a．これは肺炎でしょう。
**　　　b．これは肺炎だと思います。**

(15) のように肺炎と診断される場合は、「と思います」より「でしょう」のほうがより厳しく感じられるのではないだろうか。

また(16)のように風邪と診断される場合は、(15)とは逆に「と思います」のほうが「でしょう」より不安に感じるかもしれない。

(16) a. これは風邪<u>でしょう</u>。
　　 b. これは風邪<u>だと思います</u>。

これには「と思う」と「でしょう」の意味の違いが関わっている。「でしょう」は、話し手と聞き手の関係において、話題の事態により多くの情報を持つほうが、情報を持たない聞き手に判断したことを伝達することとなり、確信的、断定的に伝わるからである。この場合は、病気に関しては患者より医師のほうが情報が多い。これに対し「と思う」は、思考内容があくまで個人的な認識であることを含意し、他の病気の可能性もあることを示唆することになる。このため「でしょう」のほうが「と思う」より病名の確信度が高くなり、病気の深刻さによってその伝わる印象が異なってくると考えられる。

(足立)

⇒「でしょう」については第28課、「しよう」は第35課参照。

第31課 │ 「ものだ／ことだ」

1. これまで

　以下のような「ものだ／ことだ」は、「そうすることが当然だ／望ましい／必要だ」という価値判断に基づいて「そうしなさい」と助言・勧告するのに用いられる。

（１）挨拶に行く<u>ものだ</u>。
（２）挨拶に行く<u>ことだ</u>。

　このような「ものだ／ことだ」はすでに固定化されて一種の文末形式になっているが、「もの」も「こと」も、もともと実質名詞である。以下の例では、「もの」「こと」が実質的な意味のある名詞として用いられている。

（３）<u>もの</u>を知らない。
（４）<u>こと</u>が<u>こと</u>だけに慎重に対応する必要がある。

　「ものだ／ことだ」という形式は、本来、実質名詞であった「もの」「こと」の語彙的意味が希薄化して形式名詞となり、「だ」と結びついて機能語化、文法化し、価値判断（または評価）のモダリティ形式となったものだが、本来的には名詞文であると言える。

2. しかし

　価値判断を表す文末形式である「ものだ／ことだ」には違いも観察される。例えば、目的「～には」や条件「～なら」との共起可能性を見てみると、「ものだ」は共起することができないが、「ことだ」は可能である。

（５）a．＊国民の理解を得るには、よく説明する<u>ものだ</u>。
　　　b．　国民の理解を得るには、よく説明する<u>ことだ</u>。
（６）a．＊国民の理解を得たいのなら、よく説明する<u>ものだ</u>。
　　　b．　国民の理解を得たいのなら、よく説明する<u>ことだ</u>。

　また、問題となっている意志的行為の主体を明示することができるのも「ことだ」だけである。

（7） a. ＊君が行くものだ。
　　　b. 　君が行くことだ。
（8） a. ＊彼が行くものだ。
　　　b. 　彼が行くことだ。

逆に、次のような場合には「ものだ」のみ、用いることができる。

（9） A: 断ったらどう？
　　　B: a. 　こんなときには、断らないものだ。
　　　　　b. ＊こんなときには、断らないことだ。

これらの現象はどのように説明すればよいのだろうか。「ものだ」と「ことだ」は価値判断の表現として何が異なり、その違いは実質名詞としての「もの」「こと」の意味とどのように関わるのだろうか。

3. 実は

● 3-1　一般事態と個別事態

　実質名詞としての「もの」は事物を表し、「こと」は事態を表す。「もの」は時間と切り離された永続的な存在であり、「こと」は時間の中にある。

　しかし、「こと」の時間的存在という側面を捨象してより抽象的に捉えるレベルも想定できる。益岡 (2007) は、(10) のように「事態のタイプ」を表す領域と、(11) のように特定の時空間に実現する領域を区別し、前者を一般事態、後者を個別事態と呼んだ。

（10）このあたりでは激しく雪が降ることは珍しくない。
（11）昨夜激しく雪が降ったことは確かだ。

　このように一般事態と個別事態を区別することは、「ものだ」と「ことだ」の用法の違いを説明するのに有用であるように思われる。つまり、「ものだ」も「ことだ」も事態の望ましさについて述べるのに用いられるものの、「ものだ」は一般事態についてのみ用いられ、個別事態についての価値判断には不適切なのである。

● 3-2　「ものだ／ことだ」と時空の特定

　以下の (12) は寺村 (1984)、(13) は益岡 (2007) があげた例である。

(12) 墨はゆるゆると、すずりの表面をなでるような気持でする<u>ものです</u>。
(13) 人生は最後まであきらめない<u>ものだ</u>。

ここで問題になっている事態は、特に「いつ」という時点も「誰が」という動作の主体も特定しない一般事態である。このような場合は「ものだ」も「ことだ」も用いることができる。

(14) 墨はゆるゆると、すずりの表面をなでるような気持でする<u>ことです</u>。
(15) 人生は最後まであきらめない<u>ことだ</u>。

同様に、以下の(16)では、aもbも容認可能である。

(16) a. よく説明する<u>ものだ</u>。
　　　b. よく説明する<u>ことだ</u>。

しかし、(17)のように時を限定すると「ものだ」は用いることができなくなる。

(17) a. ＊明日、よく説明する<u>ものだ</u>。
　　　b.　明日、よく説明する<u>ことだ</u>。

次に、動作の主体を特定する場合について考える。例えば誰かが「説明する」ことの価値を判断する場合、「ものだ」「ことだ」と共起できる主体の人称を示すと以下の表のとおりである。

人称		ものだ	ことだ
1人称	私が説明する～。	×	×
2人称	君が説明する～。	×	○
3人称	彼が説明する～。	×	○
	親が説明する～。	○	○

表に見られるとおり、「ことだ」は1人称以外であれば主体を特定して用いることができるのに対し、「ものだ」は特定の動作主が関わる個別事態については基本的に用いることができない。唯一主語を明示して「ものだ」を用いることができるのは、特定の主体ではなく、総称的な3人称である「親が説明するものだ」のような場合だけである。

さらに、例(5)(6)で見たように、目的「～には」や条件「～なら」と共

起可能なのは「ことだ」だけである。

● 3–3 「ものだ／ことだ」と事態の区別

3-2で観察した現象は、「もの」「こと」の持つ実質名詞としての意味と関わりがあると考えられる。

「もの」は本来、時間から切り離された事物を指すものであり、事態に拡張して用いられるときも一般事態にしか用いられない。文末形式としても、「ものだ」はあくまでも一般論を述べるものであるため、特定の時点や動作主について用いることができず、個別的な目的「〜には」、条件「〜なら」と共起できない。

他方、「こと」はもともと事態を指すので、抽象的な一般事態のみならず、特定の時間の中にある個別事態にも用いることができ、目的や条件とも共起できる。

ここで(9)の例について考える。(9)でBの話し手は、自らに向けられた「断ったらどう？」という助言を退けようとして発話している。この場合、(9Ba)「こんなときには、断らないものだ」は可能だが、(9Bb)「こんなときには、断らないことだ」は用いることができない。これは、「ものだ」が一般論的であるため人一般についての価値判断とみなすことができ、その「人一般」の中に話し手を含めて解釈することができるためであると考えられる。他方、「ことだ」は2人称に傾斜していて、人一般についての価値判断とは解釈されにくいため、話し手の行為を問題にする場面では使用しにくい。

以上まとめると、「ものだ」は、「もの」という実質名詞が本来「事物」という語彙的意味を持つことにより、事態に拡張されて用いられる際にも、個別事態について述べることができず、事態の一般的性質を述べる性格が濃い。聞き手目当ての発話においても、一般的・恒常的な真理を述べるお説教のような色合いがある。

「ことだ」は、一般事態のみならず個別事態についても述べることができるので、具体的な時空間の中で取るべき行動について個別・具体的にアドバイスすることができる。このため、「ことだ」のほうが、聞き手への働きかけという性格が強く、価値判断から聞き手への働きかけ（行為指示、忠告、助言・勧告など）への移行の度合いが強い。

4. さらに

　「ことだ」のほうが「ものだ」より聞き手への働きかけの力を持っているとは言え、日本語の価値判断はあくまで事態に対する判断であり、聞き手に働きかける力を内在的に持っているわけではない。問題になっている行為が意志的行為で、その主体が2人称であるときに、語用論的に働きかけの力を持つと言える。

(姫野)

⇒「もの／こと」については第21課、「ほうがいい」は第32課参照。

第32課 ｜「ほうがいい」

1. これまで

　「ほうがいい」は、「ばいい」「たらいい」「てもいい」「てはいけない」「なければならない」「なくてもいい」などとともに、ある事態の望ましさに対する判断を表す形式で、価値判断（または評価）のモダリティと呼ばれる形式の一種である。

　これらはいずれも、事態を受ける「ほうが」「ば」「たら」「ても」「ては」「なければ」「なくても」などの部分に、「いい」「いけない」「ならない」などの評価部分が付加された複合的な形式である。事態の望ましさを表す形式は、このように複合的な形式が多く、単一の形式としては「べきだ」「ものだ」「ことだ」しかない。

　「ほうがいい」は、（1）話し手の行為についても、（2）聞き手の行為についても、また（3）一般論的にも用いることができる。

（１）　この仕事は慣れているから、自分で<u>するほうがいい</u>。
（２）　早めに<u>出かけたほうがいいよ</u>。
（３）　子どもにはいろいろな経験を<u>させたほうがいい</u>。

　聞き手の行為について用いると、単に望ましさについて判断を下すというよりは、聞き手への働きかけの性質を帯びる。例えば上記（2）は終助詞「よ」の働きともあいまって、聞き手への助言として機能する。

　また、「べきだ」「するといい」などの類似の表現と比較すると、「べきだ」が原理的・倫理的な望ましさを志向するのに対し、「ほうがいい」は現実的な望ましさについて用いられる。

（４）　約束は守るべきだ。
（５）　約束したんだったら、<u>遅れないほうがいい</u>。

　また「するといい」が当該事態を望ましいと単純に評価するのに対し、「ほうがいい」は、比較の構文をベースにしたものであるため、他の事態との対比において望ましいことを示し、そのために、対比される事態が生じるとよくないという含意が生まれやすい。例えば（2）は、早めに出かけなければ入場できなくなってしまうだろうというような含意を持ちやすいが、そのよう

な含意を意図せず、単にある行為を推奨する場合は (6) のように不適切な表現となる。夜景を見に行かないと何か不都合なことが起きるかのような含意が生じるからである。この場合は (7) のような表現が適切である。

（6）　#神戸に行ったら、夜景を<u>見にいったほうがいい</u>ですよ。
（7）　　神戸に行ったら、夜景を<u>見にいくといい</u>ですよ。

2. しかし

「ほうがいい」は動詞の辞書形にもタ形にも接続する。

（8）　一緒に<u>行くほうがいい</u>。
（9）　一緒に<u>行ったほうがいい</u>。

「辞書形＋ほうがいい」（以下、「するほうがいい」）と「タ形＋ほうがいい」（以下、「したほうがいい」）は多くの場合、どちらを用いることもできるが、「するほうがいい」は一般論的に述べる際に多く使われ、「したほうがいい」は個別・具体的な事態について述べる際に使用されることが多いと言われる。

この違いはなぜ生じるのだろうか。また、比較の文としての性質、価値判断の文としての性質、働きかけの文としての性質はどのように関連しているのだろうか。

3. 実は

● 3-1　比較の文から価値判断の文へ

「ほうが」は本来、以下のような比較表現において、二者の中から一方を取上げるために用いられるものである。

（10）　車より新幹線の<u>ほうが</u>早く着ける。
（11）　本に載っていた作り方よりこちらの作り方の<u>ほうが</u>簡単だ。

そのような比較における望ましさをもっとも一般的な評価の語である「いい」で表したものが「ほうがいい」である。このように比較を表す場合、「ほうがいい」は動詞（(12)(13)）だけでなく、名詞（(14)(15)）や形容詞（(16)(17)）にも接続可能である。(12)(14)(16) のような形式は、(13)(15)(17) のような形式と連続している。

(12) 手伝ってもらうより1人でやったほうがいい。
(13) 手伝ってもらうより1人でやったほうが速い。
(14) 冬より夏のほうがいい。
(15) 冬より夏のほうが快適だ。
(16) 部屋を借りるなら、駅から近いほうがいい。
(17) 部屋を借りるなら、駅から近いほうが便利だ。

これら比較の文から、必ずしも対比する他の事態が明示されたり、容易に推測されたりしない文への移行が生じ、事態の望ましさを表す価値判断の形式として機能するようになる。

● 3-2　一般事態と個別事態

名詞や形容詞に「ほうがいい」が接続する場合は、(18)(19)のようにタ形が用いられることはない。

(18) ＊夏だったほうがいい。
(19) ＊駅から近かったほうがいい。

動詞の場合にのみタ形が現れるという事実は以下のように考えることができる。

「するほうがいい」が用いられる場合は、名詞や形容詞を用いた比較文と同じく、時間との関わりのない一般的な事態の望ましさを表していると言える。普遍性・再現性が高く、当該事態が個別の行為者の行為を問題にしている場合でも、それを一般的な価値判断として提示している。

(20) たとえ卒業が遅れても留学するほうがいい。

他方、「したほうがいい」を用いた場合は、具体性が高く、特定の条件下における一回性の事態について述べる文となる。タ形が現れるのは動詞のみであるが、それは、動詞が通常、時間軸の中に存在する一回性の動的事態を表すのに対し、名詞や形容詞は時間と無関係な静的事態を表すためである。

価値判断の対象となる行為の主体が聞き手である場合には、その個別・具体的な状況において望ましい聞き手の行動を示すという性格が強いため、「するほうがいい」よりも「したほうがいい」が多く用いられる。

(21) たとえ卒業が遅れても留学したほうがいいよ。

また、夕形は肯定の場合にのみ用いられ、否定形「〜なかったほうがいい」は現れないが、これは動的な行為が特定の時空の中で存在するのに対し、行為そのものが存在しなければ、不存在という静的な事態となり、時間軸の中に位置づけることができなくなるためと考えられる。

(22) ＊一緒に行かなかったほうがいい。

さらに、望ましい事態が実現しなかったことに対して後悔・不満を述べる場合には「するほうがいい」は現れにくい。

(23) 　こんなことになるなら、一緒に行ったほうがよかった。
(24) ??こんなことになるなら、一緒に行くほうがよかった。

これも、実際の状況に即した発話であり、一般論ではありえないために辞書形が用いられないのだと考えられる。

第31課で「ものだ／ことだ」について検討した際、「ものだ」は益岡(2007)の言う一般事態についてのみ用いられ、個別事態についての価値判断には不適切であることを見た。一般事態とは、ことがらの時間的存在という側面を捨象して抽象的に捉えた事態で、個別事態とは、特定の時空間に実現する事態である。

事態の一般・個別に関して「ものだ」と「ことだ」の間に見られたのと並行的な違いが、「するほうがいい」と「したほうがいい」にも見出せる。「するほうがいい」と「したほうがいい」には、「ものだ」と「ことだ」ほど文法的振る舞いにおける明確な違いはないが、傾向として、「するほうがいい」は一般事態の、「したほうがいい」は個別事態の望ましさを述べるのに適している。

4. さらに

「ほうがいい」は比較の表現から価値判断の表現へと移行してきたと述べたが、この価値判断の表現は、当該行為が制御可能な行為で、かつ動作主が聞き手である場合には、さらに助言・警告という働きかけの表現として機能する。

3-2で述べたような、一般事態と個別事態の違いがあるため、「したほうがいい」という夕形の形式のほうが、明確な助言として働き、働きかけ文への移行が進んでいる。比較文から価値判断文へ、価値判断文からさらに助言・

警告などの働きかけ文へという連続性が見られるが、「するほうがいい」よりも「したほうがいい」のほうが、一般的な比較の述べ立て文から、価値判断の文へ、さらに働きかけ文へという文法化の度合いが高いと言えるだろう。実際、日本語教育で扱う際には「したほうがいい／しないほうがいい」の形で、聞き手にアドバイスをする構文として提示される。

　「ものだ」と「ことだ」においても、「ことだ」のほうが特定の時空間の中で取るべき行動について個別・具体的にアドバイスすることができるため、聞き手への働きかけという性格が強く、働きかけ文への移行の度合いが強いことを見たが、この点でも並行性が観察される。

（姫野）

⇒「ものだ／ことだ」については第31課参照。

第33課 │「つもりだ」

1. これまで

日本語で話し手の意志を表す形式には、次のようなものがある。

（1） 来週の会議に出席するよ。
（2） 来週の会議に出席しようと思う。
（3） 来週の会議に出席するつもりだ。

(1)は動詞のル形、(2)は動詞の意志形に思考動詞の「思う」をつけた形式、(3)は形式名詞の「つもり」に「だ」をつけた形式である。

「つもりだ」は、話し手が事前に決意し、発話時点ですでに"固まっている"意志を表すと言われる。

（4） 明日は1日中、家にいるつもりです。
（5） 明日は、どこへも出かけないつもりです。
（6） あの人とは、もう2度と会わないつもりです。

また、「つもりだ」による「意志」は、発話時以前に想起されるため、(7)のように、話し手が発話のイマ・ココで決断したことを言い表すことはできない。

（7） A: 来週会議がありますよ。
　　　　 B: そうですか。では、出席します／＊出席しようと思います／＊出席するつもりです。

ただし、この場合、意志形も使うことはできない。使用可能なのは、動詞のル形のみである。話し手が自身の未実現の行為を動詞のル形によって表出するとき、発話のイマ・ココで自身の意志を宣言するという遂行動詞的な性格を帯びる。

2. しかし

(8)から(11)のように動詞のタ形につく「つもりだ」は、上記のような話し手の意志という解釈が成り立たない。

(8) あれ、眼鏡がない。ここに置いたつもりだったけど。
(9) 登場人物になったつもりで朗読してください。
(10) 子どもの気持ちは理解したつもりだ。
(11) 子どもの気持ちは理解したつもりだったのに…。

また、動詞のル形と違い、「つもりだ」は、後続文脈で却下することができる。

(12) ＊明日、9時のバスに乗るけど、間に合わないかもしれない。
(13) 明日、9時のバスに乗るつもりだけど、間に合わないかもしれない。

「つもりだ」は、聞き手の「意志」を問う場合には使いにくい。

(14) ??明日は何をするつもりですか。
(15) ??いつ卒業するつもりですか。
(16) ??今晩は何を食べるつもりですか。

次のように状態性の述語に後接する「つもりだ」もある。

(17) そんなことを言って、何様のつもりだ。
(18) きみ、それで一人前の社会人のつもりか。
(19) 気持はまだまだ20代のつもりなんですが、このごろ年相応に疲れを感じるようになりました。
(20) これまでまじめに働いてきて、ある程度貯えがあるつもりだ。しばらくは職がなくても何とかなる。
(21) 私も人並に自尊心は持っているつもりだ。

これらの「つもりだ」を動詞のル形同様に話し手の「意志」と解釈することは難しいため、従来、「つもりだ」には「未来のことを実現しようとする意志」を表す場合と、「実際にはそうではないが、そうだと仮想する」ことを表す場合があると説明されてきた。

3. 実は

● 3-1 〈意志〉か〈仮想〉か

意志動詞のル形とナイ形につく「つもりだ」は話し手の「意志」を表し、

動詞の過去形、テイル形、形容詞、名詞＋判定詞につく「つもりだ」が話し手の「仮想」を表すという分析は「つもりだ」の語法に着目してはいても、基本的な意味・機能を捉えているとは言えない。

『広辞苑』には「つもり」は「前もっての計算、心組み、考え、意図、心算、実際にはそうでないのにそうであるような気持ち」とある。心算とは「心の中の計画」である。心の中の計画であるので、真理値を持たない。「つもりだ」は、話し手が発話のイマ・ココより前に想起し、発話の時点で維持している自身の行動・状態についての青写真とでも呼べるような「心のありよう」を表している。

「つもり」の２つの語法を統一的に解釈するために、「つもり」を「話し手の心内に浮かんだ何らかのイメージ」と考えてみよう。話し手の心内のイメージ、いわば、話し手の心内ディスプレイに映し出された画像である。それは、聞き手には見えず、話し手の心の持ちようでいかようにも変化するものである。

これまで「意志」とされてきた「つもりだ」は話し手自身の未実現の行動の心内画像、「仮想」とされてきた「つもりだ」は、話し手が心内に抱いた何らかの事態の画像となる。いずれの「つもりだ」にも、話し手の主観性が際立っている。

● 3-2　心内画像の標識としての「つもり」１：未実現の事態

従来「意志」とされた「つもりだ」は、話し手自身の未実現の行為遂行の画像である。話し手が心内に描いている自身の画像だが、未実現の事態の画像であるので、直後の文脈で却下することができる。

(22) 来週の会議に出席するつもりだが、ひょっとしたら来られないかもしれない。

(23) 明日は１日中、家にいるつもりです。でも、天気がよかったら散歩くらいはと思っています。

(24) あの人とは、もう２度と会わないつもりですが、果たしてどうなるでしょう。

● 3-3　心内画像の標識としての「つもり」２：未確認の事態

従来「仮想」とされてきた「つもりだ」は、話し手が記憶や個人的信念、感覚などを基に想起した、自身に関する画像である。

(10) 子どもの気持ちは理解したつもりだ。
(19) 気持はまだまだ20代のつもりなんですが、このごろ年相応に疲れを感じるようになりました。
(20) これまでまじめに働いてきて、ある程度貯えがあるつもりだ。しばらくは職がなくても何とかなる。
(21) 私も人並に自尊心は持っているつもりだ。

このタイプの話し手の心内画像は、話し手が現実とつき合わせていない段階にあり、その真偽は未確認である。しかし、発話時点では、話し手はその心内画像が真であると信じている。話し手の記憶や信念などから想起された画像であるため、聞き手には、話し手の強い思いこみと解釈されることが多い。

● 3-4　心内画像の標識としての「つもり」3：確認済みの事態

3-3に対して、次のような「つもり」もよく見られる。特徴は、「つもり」に後接する判定詞がタ形をとることである。

（8）あれ、眼鏡がない。ここに置いたつもりだったけど。
(11) 子どもの気持ちは理解したつもりだったのに…。
(25) 一人前の社会人のつもりだったけど。

このタイプは、話し手自身が3-2の心内画像を現実とつきあわせて偽であると確認したことを表す。しばしば「けど、のに」などの逆接の接続表現を伴い、話し手の心内画像と現実の食い違いを表出する。反事実の仮想と呼ばれることもある。

4. さらに

次のように、連用形「つもりで」の形もよく使われる。

(26) 清水の舞台から飛び降りるつもりでやってみた。
(27) 買ったつもりで貯金する「つもり貯金」。
(28) 高いつもりで低いのは教養、低いつもりで高いのは気位、深いつもりで浅いのは知識、…（「つもり違い十カ条」）

これらには、3-3の「つもり」による未確認の心内画像を利用した表現効果がある。

また、「つもりだ」が表出する画像は話し手の私的領域にあり、聞き手はアクセスできない。アクセス不可能な相手の心内画像にアクセスしようとした例が前出の(14)(15)(16)で、結果的に容認度が下がる。これらの例は、「私には見えないけれど、あなたの心内画像はどうなっているの？」という、相手の領域に踏み込んだ問いかけとなり、待遇表現上の問題が生じるため、容認度が下がると考える。一方、例(17)(18)は、「つもりだ」を使うことによって生じる待遇表現上の問題を逆手にとることで、聞き手への「詰問」であることを含意する。

　以上、「つもりだ」を話し手の心内の画像とすることで、従来の「つもりだ」の2つの解釈を統一的に捉えることが可能になる。いずれの場合も、「つもりだ」は極めて話し手の主観性の高い表現形式である。

（近藤）

第34課 │「ように」

1. これまで

「ように」を含む文にはいろいろある。

(1) a. 太郎は疲れているように見える。
　　 b. あの人は子どものようにはしゃいでいる。
　　 c. あの留学生は、日本人のように流暢な日本語を話す。
　　 d. 太郎は気づかなかったかのように次郎を無視した。
　　 e. この本は子どもには難しすぎるように思う。
　　 f. 太郎は次郎に部屋の掃除をするように言った。
　　 g. 本年もよい1年となりますようにお祈り申し上げます。
　　 h. うちの子はやっと歩けるようになりました。
　　 i. 7時のバスに間に合うように早めに家を出た。

一般的に、「ように」は認識的モダリティ形式「ようだ」の連用形と考えられている。確かに、(1a)～(1d)の「ように」は、(2a)～(2d)の「～ようだ」と関連している。(2a)(2d)の用法は「様態」、(2b)(2c)の用法は「比況」と呼ばれる。

(2) a. 太郎は疲れているようだ。(様態) → (1a)
　　 b. あの人のはしゃぎ方は子どものようだ。(比況) → (1b)
　　 c. あの留学生の流暢な日本語は日本人の日本語のようだ。(比況) → (1c)
　　 d. 太郎が次郎を無視した様子はまるで気づかなかったかのようだ。(様態) → (1d)

しかし、(1e)～(1i)の「ように」は比況や様態とは考えにくい。例えば、(1e)は話し手の思考の内容、(1f)は太郎の指示の内容、(1g)は話し手の願望、(1h)は子どもの変化の結果、(1i)は話し手の行動の目的を表すと思われ、(1a)～(1d)の「ように」と同質とは思えない。

「ように」の先行研究は多いが、近年、前田(2006)が記述的かつ網羅的な分析を著わした。前田(2006)は、従属節の「ように」を主節との構文的関係から「主節に対して修飾・付加的なもの」と「主節に対して必須・補足な

もの」とに分け、それぞれの意味・機能を分析し、(3) のように「意味的・機能的にも形態・統語的にも異なる性質を持つ」4 種類を認めている。

（3）「ように」節の 4 分類（前田 2006: p. 105 の表に基づく）

主節に対して	
修飾・付加的	必須・補足的
〈類似事態〉　例 1a, b, c, d	〈思考・知覚内容〉　例 1e
〈結果・目的〉　例 1, i	〈命令・祈願内容〉　例 1f, g

ただし、〈類似事態〉が明らかに事実と異なる場合は「かのように」が使われるとする。なお、(1h) は〈結果・目的〉だが、修飾・付加的でないため、表に記載しない。(注)

2. しかし

「ように」の 4 用法を関連づけて捉えることはできないだろうか。

3. 実は

● 3-1 「～よう」の本質: 話し手の〈見え〉

「～よう」には「様」という漢字が当てられることがある。「様」は何かの状態や様子を表す形式名詞で、あるものを他のものに模して「あの建物はお城の様だ」などと使われる。ここでは「～よう」を話し手にとってのある事態の〈見え〉（第 1 課）の言語標識と考え、(4) のように定義する。

（4）「よう」は、前接する「～」が表す何らかの事態が話し手の心内に形成された〈見え〉であることを表す形式である。

「ようだ」は話し手にとっての〈見え〉に判定詞「だ」がついて、「様」の字義的な意味が薄れ、話し手の認識的モダリティ形式として文法化されたものと考えてみる。

第 1 課で見たように、〈見え〉は、観察者としての話し手がある事態をどのように知覚・経験するかを表すもので、視覚のみならず、あらゆる知覚で捉えられるものを表し、話し手の心内で視覚化されたイメージも含みうる。「よ

う」を (4) と定義し、以下に上記4つの「ように」の用法を〈見え〉が関わる構文として再考する。

● 3-2 〈類似事態〉は〈見え〉そのもの

まず、(1a)(1b)(1c)について考えよう。「ようだ」の典型とされる「様態」や「比況」は、話し手が2つのモノ・コトの間に類似を認めることで、話し手の事態把握にほかならない。これらの「よう」の用法は話し手にとっての〈見え〉そのものと言ってよいのではないか。

(1a)の話し手には、太郎の外見から心内に太郎の疲労が〈見え〉として成立し、太郎の様子が〈見え〉に模して表出される。(1b)の話し手は、ある人の振舞いに子どものそれの特徴を見出したことを〈見え〉として表出する。(1c)も同様で、ある留学生の日本語から話し手の心内に母語話者の日本語の〈見え〉が形成されたことを表出する。ただ、これらの〈見え〉は話し手の五感に依存するもので、真理値を持たない。現実に照らして〈見え〉が偽であることに疑いがない場合は、(1d)のように「かのように」が使用され、太郎は気づいていたのに、そのように振舞わなかったということがわかる。

● 3-3 〈思考・知覚内容〉／〈命令・祈願内容〉と〈見え〉

次に、(1e)(1f)(1g)について考える。(1e)の〈思考・知覚内容〉も(1f)(1g)の〈命令・祈願内容〉も、いずれも話し手にとって心内に形成された〈見え〉と考えられる。(1e)は「思う、考える」などの動詞の内容を「ように」が表す〈見え〉で代替させたもの、また(1f)は「言う、命令する」などの動詞が「ように」が表す〈見え〉の実現を指示したことを表すもの、(1g)は「願う、祈る、祈願する」などの動詞が「ように」が表す〈見え〉の実現への願いを表明するものと考える。(1e)の「ように思う」と「と思う」の違い、また(1f)の「ように言う」と「と言う」の違いは、それぞれ引用の助詞「と」が導く節が〈見え〉ではなく、言語化された思考内容または指示の内容そのものである点にある。「ように」を使ったほうがより間接的に感じられるとされるのは、その本質が〈見え〉であるからではないだろうか。また、(1g)の「ように」が導く〈見え〉は話し手の祈願内容そのものであるので、「願う、祈る、祈願する」などの動詞が省略されることがある。その場合、(1g)や(5)のように、発話のイマ・ココの祈願の場に配慮して、「ように」の前の文体が丁寧体になる傾向がある。

（５）明日、天気になりますように。

● 3-4 〈結果・目的〉と〈見え〉：「～になる・する」構文の拡張

最後に(1h)(1i)について考える。まず、(1h)は、(6a)(6b)のような変化構文の拡張と考える。

（６）a. 部屋がきれいになった。
　　　b. 子どもが社会人になった。

「～になる」構文は、「に」の前に変化の結果を表す名詞句が来る。変化には、ある事態とそれに続く事態の2つの事態が関わる。(6a)(6b)は、変化後の事態、それぞれ「部屋がきれいだ」「子どもが社会人だ」が成立したことを表す。同様に、(1h)も、話し手にとって「子どもが歩ける」という〈見え〉の事態がイマ・ココに成立したことを表す。

(1i)には、「早めに家を出れば7時のバスに間に合う」という条件文(P→Q)に基づく〈見え〉が関わる。話し手は条件文の帰結Qを〈見え〉とし、(1i)で、話し手の行動が、その〈見え〉の成立を目指してなされたことが表される。

また、「部屋をきれいにする」などの行為者の働きかけを表す「～にする」構文の拡張として、(7)の「ようにする」と(8)の「ようにしてください」が捉えられる。

（７）a. 窓を開けて、風が入るようにした。
　　　b. カーテンをかけて、外から部屋の中が見えないようにした。
（８）a. 毎日ジョギングするようにしてください。
　　　b. 梅雨時は、生ものを食べないようにしてください。

(7a)(7b)はいずれも「ように」が導く〈見え〉の事態を実現させたという意味となる。(8a)は、「毎日ジョギングする」という習慣的行為をしている自身の〈見え〉を心内に掲げ、それを目指して努力することを求めるという意味で、連日欠かさずジョギングをせよという意味ではない。また、(8b)も「生ものを食べない」という〈見え〉を心内に掲げ、その実現を心がけることを求めるもので、生ものを絶対に食べるなという意味ではない。そのため、(8)のような用法は、〈見え〉を目指した努力を聞き手に求めるものであって、眼前の事態に対する瞬時の行動を求めるときには用いない。

4. さらに

　3-4の〈結果・目的〉の「ように」と比較される構文に、目的を表す「ために」がある。この2つの違いは日本語学習者にわかりにくいものの1つとされている。

　（9）a. 日本語で本が読めるように毎日勉強した。
　　　 b. 日本語で本を読むために毎日勉強した。

「ように」が表すのはナル的な状態であり、「ために」が表すのは「動きや活動」などのスル的な目標であると説明することが多いが、(9a) の「ように」節の状態性は、それが話し手の心内に成立した〈見え〉だからではないか。「日本語で本が読める」状態にある自分自身を心に描き、「毎日勉強すると日本語で本が読める」という条件文の帰結を〈見え〉として述べていると考えてはどうだろうか。

　「よう」を話し手にとっての〈見え〉の言語指標と考えることで、「ように」の用法の関連が捉えられるように思う。
(注) 前田 (2006: p.110) は、「〈結果・目的を示す用法〉の「ように」節は副詞的な従属節であり、必須的ではないが、「ようにする・ようになる」の「ように」節は必須的である」と述べている。

　　　　　　　　　　　　　　　　　　　　　　　　　　　　（近藤）

第35課 │「しよう」

1. これまで

　一般に、意志を表すには、「明日行く」「卒業後は就職する」「来年結婚する」などの動詞の辞書形と、「勉強しよう」「明日も来よう」「これを買おう」などの、動詞の語幹にいわゆる推量の助動詞「う／よう」が付加された形式が使われると言われる。「つもりだ」も意志を表すとされることがあるが、「つもりだ」については33課を参照されたい。

　動詞の「う／よう」の形については、上記の例のような、誰かの意志で制御可能な動きを表す動詞、いわゆる意志動詞の場合は、意志を表すと言えそうである。ここではこの形を便宜的に「意志形」と呼ぶ。しかし、誰かの意志で制御不可能な動詞、いわゆる無意志動詞に「う／よう」がついた形、例えば「明日は寒くなろう」の「なろう」、「明日は気温が上昇しよう」の「上昇しよう」などは、意志ではなく、未来の事態についての誰かの推量を表すという点で、意志形とは呼びにくい。ただし、無意志動詞の「う／よう」の形は、現在では「雨になるだろう」「上昇するだろう」のように推量の助動詞「だろう」の使用により、ほとんど使われなくなっている。この課では、意志動詞の辞書形と意志形について考える。

　意志動詞の意志形は、(1) のように話し手の心内発話や独話に現れる場合は1人称の話し手（私）の意志を、(2) のように聞き手を含む包括的な1人称の場合は勧誘を表す（第39課「ましょう（か）」）とされる。ここでは、考察の対象を (1) の用法に限る。

　（1）**明日は朝が早いから、そろそろ寝よう。**
　（2）**面白そうな映画だから、一緒に行こうよ。**

　また、話し手の意志を表す場面では、辞書形も使われる。

　（3）**明日は朝が早いから、そろそろ寝る。**

　(1) も (3) も話し手がそろそろ寝る意志を表明していると言ってよさそうである。

2. しかし

(1)と(3)の解釈は同じだろうか。(1)の意志形は、聞き手の存在を前提としない。このことは、「もう寝る？」の答えとして「もう寝よう」が不自然なことからもわかる。(1)の意志形は、話し手の独話や心内発話での話し手の意志の表出と言える。

しかし、(3)のような辞書形による意志表明は、話し手の独話場面では考えにくく、普通体の会話で、聞き手がいる場合に限り可能である。意志動詞の辞書形と意志形の違いとはどのようなものだろうか。

3. 実は

● 3-1 話し手の意志の表出：しよう

話し手が行為者である「しよう」について〈意志の表出〉、〈決定の表明〉、〈行為の申し出〉の3タイプを認めることができる。〈意志の表出〉は(1)のように話し手の心内発話や独話に現れ、話し手が自身の行為遂行を決定したことだけを表現し、聞き手にそれを伝える意図はない。〈意志の表出〉を言語化して聞き手に伝達する場合は、「しようと思う」の形をとることもある。

（4）［内言］疲れたから帰ろう。
（5）［聞き手に］疲れたから帰ろうと思う。

さらに、話し手が伝達を意図して「しよう」を使うと、〈決定の表明〉という対話的機能を獲得するとする。〈決定の表明〉は、話し手がある行為の遂行を決断したこと、つまり話し手の意志決定を聞き手に伝えることを意図した発話で、(6)がその例である。

（6）田中君、新入社員の山田君を紹介しよう。こちら、山田君。

また、話し手がある行為の遂行を〈決意の表明〉とすることが結果的に聞き手に利益を与えうる場合に、〈行為の申し出〉の機能を獲得するとする。(7)がその例である。

（7）君に経済的援助をしよう。
（8）私が仕事を手伝おう。

話し手が行為者の場合、「しよう」は、心内発話や独話の〈意志の表出〉を

その基本的機能とし、聞き手との情報伝達に関わりを持つ対話に移行することによって、〈決意の表明〉、さらに〈行為の申し出〉へとその機能が拡張していくと考えられる。

● 3-2　話し手の行為遂行の宣言：する

　意志動詞の辞書形も、聞き手を前提とする対話場面で使われると、話し手の意志を表出するように見える。

（ 9 ）　A：　もう帰るの。
　　　　B：　うん、帰る。
（10）　A：　明日、会社に行く？
　　　　B：　明日は休む。

　(9)(10)の「帰る」「休む」は、話し手の意志の表出というより、話し手が聞き手の前で自身の未実現の行為に言及することで、同時に聞き手にその行為の遂行を宣言する機能を果たしているのではないか。意志動詞の辞書形は、聞き手の存在を前提にした場面で、その動詞の表す行為の遂行を宣言する機能を帯びると考える。

　また、意志動詞の辞書形「する」に〈意志の宣言〉と〈意志の確認〉の2つの機能を認める分析がある。〈意志の宣言〉は(9)(10)の例に当たる。〈意志の確認〉は、話し手の心内発話で決意を自分自身に言い聞かせ、確認するような場合であるとされるが、(11)のように、どちらの機能か区別できない例もある。

（11）来年、絶対、合格する。絶対合格してみせる。

　心内で自身を聞き手に想定している場合を含め、聞き手の存在を前提とするものである以上、この2つの機能を区別する積極的な根拠があるとは考えにくい。意志動詞の辞書形は、聞き手の存在を前提とした場面で発話されると、話し手の〈行為遂行の宣言〉の機能を帯びると考えてよいのではないか。
　話し手の意志を表すとされる「しよう」と「する」について、「しよう」は聞き手の存在を前提としない〈意志の表出〉であり、「する」は聞き手に向けた〈行為遂行の宣言〉であると考える。

● 3-3 「どうしようか」と「どうするか」

「しよう」も「する」も終助詞「か」を伴うことがある。

(12) 明日の授業は、出ようか、休もうか、さて、どうしようか。
(13) 明日の授業は、出るか、休むか、さて、どうするか。

(12)の「しようか」は独話で、出るか休むか、いずれの〈意志の表出〉にもためらいがあり、さらに「どうしようか」で、意志の内容自体の決定が棚上げになっていることが示される。一方(13)の「するか」は、出るか休むか、いずれの行為遂行の宣言にもためらいがあり、さらに「どうするか」で、遂行を宣言する行為の内容そのものの決定が棚上げになっている。聞き手に対する行為遂行の宣言の機能そのものが果たされず、結果として独話や心内発話となる。

4. さらに

動詞の意志形を使った「しようとする」という形式がある。例えば、「勉強しようとする」は、話し手の〈意志の表出〉でもなく〈行為遂行の宣言〉でもない。次の例を基に考えよう。

(14) この大学を受験しようとする方、偏差値はこれです。
(15) 出かけようとしたら、電話がかかった。
(16) 昨晩は寝ようとしたのに、どうしても寝られなかった。

(14)から(16)は、行為者による、動詞が表す行為の実現への志向を表すが、いずれも行為の実現には至らず、実現に向けて事態が推移する段階にとどまっている。

さらに、(17)(18)のような否定の形では、それぞれ「行為者による行為実現への志向」が存在しないか存在しなかったことが表される。

(17) うちの子は、なかなか寝ようとしない。
(18) うちの子は、なかなか寝ようとしなかった。

また、(19)(20)のように、「しようとしている」の形で非情物主語と共起し、何らかの状態を表すことがある。

(19) 電車のドアが閉まろうとしているときに、飛び乗った。

(20) 夕陽が水平線のかなたに沈もうとしている。

このほかにも「木が芽吹こうとしている」「バスが動き出そうとしている」「夜明けとともに星が消えようとしている」などがある。非情物主語なので、意志は関与しない。これらの例は、非情物主語がそれぞれの動詞が表す事態の実現に向けた移行過程にあることを表すと考える。このことは、この形式が「いまや」「まさに」など、事態推移の最中を表す副詞と共起することとも矛盾しない。

　「しようとする」から「しよう」の意味を考えてみよう。意志動詞の「しよう」の機能は〈意志の表出〉であった。意志とは何らかの事態実現への話し手の志向と考えることができる。非情物を主語とする「しようとする」は、事態変化の過程や推移の表出である。いずれの「しよう」も、「動詞が表す事態の実現に向けた何らかの動き」と解釈できるのではないか。意志動詞の場合、それは話し手の意志の力によるものであり、非情物主語の場合は、事態変化をもたらす物理的な力や自然の成り行きと考える。「しよう」は、動詞が表す事態の実現に向けた何らかの動きの表示と言えそうである。

(近藤)

⇒「でしょう」については第28課、「ましょう（か）」は第39課参照。

第6章
聞き手への態度

第36課　「てくれませんか／もらえませんか」
第37課　「てください」
第38課　「ませんか」
第39課　「ましょう(か)」
第40課　「あなた」
第41課　謙譲語
第42課　文体
第43課　「よ／ね」

第36課 │「てくれませんか／もらえませんか」

1. これまで

　授受動詞は、本動詞としてものの授受を表す用法（第11課）から、補助動詞として恩恵を表す用法（第12課）に拡張されているが、この恩恵を表す用法は、聞き手に行動を求めるタイプの発話行為に欠かせない要素である。
　例えば、以下のように「くれる」系の授受動詞を補助動詞として用いるタイプの疑問文（肯定および否定）が、普通体、敬語を使用しない丁寧体、敬語を使用した丁寧体の各文体に存在する。

　　（1）迎えに来てくれる？／くれない？
　　（2）迎えに来てくれますか／くれませんか。
　　（3）迎えに来てくださいますか／くださいませんか。

以下は「もらえる」系を用いた疑問文である。

　　（4）迎えに来てもらえる？／もらえない？
　　（5）迎えに来てもらえますか／もらえませんか。
　　（6）迎えに来ていただけますか／いただけませんか。

　これらはいずれも単に質問するための文ではなく、依頼という働きかけのモダリティ形式に移行していると見てよい。これらに「かな」「かしら」「だろうか」「でしょうか」のような推量・疑念を表す文末形式を付加して、働きかけ性を弱めたバリエーションも以下のように多数観察される。

　　（7）迎えに来てくれるかな。
　　（8）迎えに来てもらえるかしら。
　　（9）迎えに来てくれないだろうか。
　　（10）迎えに来ていただけませんでしょうか。

2. しかし

　そもそも聞き手の行動を求めるという発話行為にはどのようなものがあるのだろうか。

そして、授受動詞を補助動詞とする疑問文は、なぜ依頼の遂行にふさわしく、また、なぜ上記のように多数のバリエーションを持つのだろうか。逆に、授受動詞を用いない形式では依頼は遂行できないのだろうか。

この課では、聞き手の行動を求めるタイプの発話行為を概観し、依頼という行為の特徴と、依頼を遂行する際に用いるべき表現形式の特徴を検討する。

3. 実は

● 3-1　行為指示型の発話行為

話し手が聞き手の行為を引き出そうとして行う発話行為を「行為指示型発話行為」と呼ぶが、これを分類する基準として、受益者と決定権者が重要である。「受益者」は、当該行為の結果、話し手・聞き手のうちどちらが利益を受けるかという基準であり、「決定権者」は当該行為を行うかどうかを話し手・聞き手のどちらが決定することができるかという基準である。

いずれの基準についても、一方が必ずすべてを持つわけではなく、中間的な場合は無数に考えられるが、それぞれの基準について、話し手または聞き手のみが受益者または決定権者であるという単純化した枠組みを用いると、行為指示型発話行為は「依頼」「勧め」「話し手受益指示・命令」「聞き手受益指示・命令」の4種に分類できる。「依頼」は話し手の利益のため、「勧め」は聞き手の利益のための行為を促すものだが、その行為を行うかどうかは聞き手が決定するものである。「話し手受益指示・命令」は話し手の利益のため、「聞き手受益指示・命令」は聞き手の利益のための行為を求めるものだが、いずれも、その行為を行うかどうかの決定は話し手が行う。ただし、「指示・命令」では、業務上の行為など、受益者が特定できない場合も多いので、これを一括すると、行為指示型発話行為は下表のように分類できる。

	話し手受益	聞き手受益
聞き手決定権	依頼	勧め
話し手決定権	指示・命令	

行為指示型発話行為の分類

依頼は、話し手受益行為を聞き手に求めるものだが、その行為を実際に行うかどうかの決定権は聞き手にあり、あくまで聞き手の好意に期待して働きかけるものである。

● 3-2　依頼に用いられる表現形式

　依頼は、利益が話し手にあり、決定権が聞き手にあるような行為指示型発話行為であると述べた。このことが、依頼に用いられる表現形式の選択に決定的な影響を与えている。

　自分の利益のために聞き手を動かそうとすることは、相手の利益のために自分が何かをしようと申し出たり、相手のために何かを勧めたりする行為と比べて、本質的に無礼な行為である。そのため、依頼を遂行するための表現形式には聞き手との関係を維持するための配慮が求められる。そこで選ばれるのが、(1)～(10)のような形式である。

　これらの形式は、① 授受動詞を使用して話し手が恩恵を受けることを表示し、② 疑問形式にして聞き手に決定権があることを明示するという2つの特徴を持つため、依頼専用表現形式として使用される。また発話の力を弱めて丁寧な表現とするために、さまざまなバリエーションが生まれると考えられる。(7)～(10)は、話し手の推量・疑念を独話的に表出する形式になっているため、(1)～(6)のような、直接的に聞き手に向けられた質問の形式よりもさらに発話の力が弱められている。

　(1)～(10)とは異なり、(11)(12)は依頼に用いにくい。

(11)　迎えに来てください。

(12)　迎えに来ませんか。

　(11)は聞き手の意向を尋ねずに直接的に聞き手行動を求める形式であり、(12)は話し手に恩恵がもたらされることを表現せずに聞き手の意向を尋ねる形式になっているためである（第37課、第38課）。

　聞き手の意向を尋ねることで聞き手行動を引き出そうとする間接発話行為は言語普遍的に見られ、例えば、英語であれば以下のような例がある。

　(13)　Would you come to lunch tomorrow?
　(14)　Would you help us?

　英語では(13)(14)はまったく同じ文型であるが、日本語にするとそれぞれ(15)(16)となり、異なった形式が選択される。

(15)　明日、昼ご飯を食べに来ませんか／#来てもらえませんか。
(16)　#助けませんか／助けてもらえませんか。

　勧めも依頼も聞き手に決定権のある発話行為だが、日本語ではこの両者は

受益者の観点から峻別される。聞き手のためなら「ませんか」を、話し手のためなら「てもらえませんか」などを選ぶ必要があり、「ませんか」で単に相手の意向を聞くだけでは依頼文として機能しない。(15)(16)で日本語母語話者が自然に異なる文型を選ぶのは、その行為は誰のためのものかを判断し、(15)は勧め、(16)は依頼と認識するからである。

　また日本語母語話者は、依頼を疑問形式で遂行するのであれば、聞き手との親疎にかかわらず、授受動詞を用いた形式を選択する。丁寧体を用いる相手のみならず、普通体を用いる親しい相手にも、(1)や(4)の形式が選択され、(17)(18)の形で迎えを依頼することはない。

(17)　#迎えに来る？
(18)　#迎えに来ない？

4. さらに

　肯定形と否定形の差にあまり注意せず検討したが、以下のような場合には肯定形のほうがふさわしい。

(19)　A: 私が連絡しておきますよ。
　　　B: a.　じゃ、そうしてくれる？
　　　　　b. #そうしてくれない？

　否定形は、聞き手の意向がわからないときに働きかけるために用いられるもので、(19)のようにすでに聞き手の行為遂行の意志が明らかな場合にはふさわしくない。単なる質問から依頼のモダリティ形式への移行が肯定形より進んでいて、依頼の発話の力が強いと言える。

　なお、最近、依頼を遂行する文として(20)のような形式をよく耳にする。

(20)　こちらに並んでいただいてよろしいでしょうか。

　聞き手の行為によって話し手が利益を受けることの許可求めという形で依頼が遂行されているわけだが、可能形「いただける」ではなく「いただく」を使用しているために、聞き手への強制性が強く（第12課）、聞き手が行為を行うことがすでに前提とされている(21)に近いように聞こえ、(22)に比較すると不遜な印象を免れないように思われる。

(21)　こちらに並んでいただきますが、よろしいでしょうか。

(22) こちらに並んでいただけますでしょうか。

(姫野)

⇒ 恩恵の授受については第 12 課、「てください」は第 37 課、「ませんか」は第 38 課、「ましょう（か）」は第 39 課参照。

第37課 |「てください」

1. これまで

「てくれ」「てください」「お〜ください」は、形としては命令形だが、授受動詞が補助動詞として用いられており、機能としては依頼を表すとされる。

（1）待ってくれ。
（2）待ってください。
（3）お待ちください。

このうち、もっともよく用いられる「てください」は、日本語教育の教室でも初級冒頭から頻繁に用いられ、授受動詞や敬語が導入される前から「聞いてください」「読んでください」などの定型表現として紹介されることが多い。

「お〜ください」は、相手に対するさらに丁寧な依頼を表すと説明される。

2. しかし

(4)〜(6)には同じ「てください」という形が使用されているが、いずれも依頼であると考えてよいだろうか。

（4）この漢字の読み方を教えてください。
（5）繰り返してください。
（6）どうぞたくさん食べてください。

また、(7)〜(9)には「お〜ください」が使用されているが、これもすべて丁寧な依頼だろうか。

（7）ご意見をお聞かせください。
（8）ここにお名前をお書きください。
（9）どうぞごゆっくりお召し上がりください。

この課では、「てくれ」「てください」「お〜ください」という形式の機能を考える。

3. 実は

● 3-1　依頼

　「てください」「お~ください」は質問の形式でないため、聞き手の意向を尋ねることなく、話し手の意向を直接伝える。通常、依頼形式であると説明されるが、実際には、業務としてその行為をすることが当然期待される相手や目下の相手以外には依頼表現として用いにくい。例えば、教師が学生の質問に答えるのは当然の職務であるから、学生が(4)を用いて質問するのは問題ないが、見ず知らずの相手に(10)のように依頼することは不躾であろう。

　(10)　#ちょっとシャッターを押してください。

　「お~ください」は丁寧な依頼形式とされることが多いが、この形式も聞き手に決定権を与えないため、(11)に見られるように、やはり依頼には不適切である。

　(11)　#財布を忘れて来たので1,000円ほどお貸しください。

　このような依頼の場合は、「てくださいませんか」「ていただけませんか」などを用いて聞き手の意向を尋ね、聞き手に決定権があることを明示する形式が選ばれる(第36課)。

● 3-2　指示・命令

　話し手が聞き手に行為を行うよう働きかけ、しかもその決定権が話し手にある場合が指示・命令である。「てください」タイプの文は聞き手の意向を尋ねない形式なので、この発話行為の遂行によく用いられる。

　(12)　[課長が部下に] すぐに部長に連絡してくれ。
　(13)　[タクシーの運転手に] 東京駅まで行ってください。
　(14)　[病院で] 次の方、第1診察室にお入りください。

　指示・命令という発話行為は、組織的な指示・命令系統がある場合(12)や、客が当然のサービスを受けようとする場合(13)、職務上の義務を遂行する上で必要な場合(14)など以外には行いにくいもので、発話者は通常、立場上の権限を持っている者に限られる。

　しかし日本語では、そのような立場上の権限を持つ発話者でさえ「しろ」「しなさい」という命令形を避けて、「してくれ」「してください」という、「て

くれる」「てくださる」の命令形を多用することは興味深い。上例のうち (14) では少なくとも話し手に恩恵があるとは言いがたいが、そのような場合においてさえ、「お〜ください」という授受表現を含む形式が用いられている。

また、例えば取扱説明書の指示の表現に命令形を用いることは、英語などにおいてはごく一般的であるが、日本語では (15) (16) などの形で指示することは考えられない。

(15) #パッケージの内容物を確認しろ／確認しなさい。
(16) #電源を入れろ／入れなさい。

これらの形を避けるために (17) (18) のような「てください」の形式が用いられる。

(17) パッケージの内容物を確認してください。
(18) 電源を入れてください。

指示・命令において決定権は話し手にあるものの、ある程度の対人配慮が求められるような社会状況においては、話し手が完全な決定権を持って聞き手を支配するかのような表現は避けようとする聞き手配慮が働く。そのため裸の命令形は使いにくく、代わりに「てください」が選ばれていると言えよう。

● 3-3 勧め

「てください」は、勧めにも多く見出される。勧めの場合、決定権は聞き手にあるものの、聞き手受益行為であるから、聞き手の意向を聞くことよりも、強く働きかけることがむしろ配慮的になるためである。

(19) まあ、上がってくれ。
(20) ゆっくりしていってください。
(21) どうぞ、ご自由にお取りください。

「たまえ」も、やや古めかしい語感を伴って勧めに用いられる。ほかに、「てちょうだい」の形式もあるが、これらの形式も恩恵の授受という要素を内蔵している。

(22) さあ、きみたち、どんどん飲みたまえ。
(23) 自由に使ってちょうだい。

これら勧め表現のうち、例えば (21) で「ください」が用いられているからといって、(24) のようにその行為を「くださる」を用いて記述することはきわめて不自然である。

(24) ??ご自由にお取りくださった。

　このことは、勧めにおいて用いられている「てください」においては、本来「てくださる」が持っていた恩恵付与の意味はほぼ失われているということを意味している。
　目下の聞き手に対してなら、勧めに (25)(26) のような授受動詞なしの表現を用いることも可能である。

(25) まあ、上がれよ。
(26) ゆっくりしていきなさい。

　しかし、目上や親しくない聞き手に対しては、勧めを遂行する場合でも主動詞の命令形のみによる表現ははばかられる。「ご自由にお取りなさいませ」のような形式が丁寧な勧めの機能を果たしてもよさそうに思われるが、「～なさいませ」の形式は「おやすみなさいませ」「いらっしゃいませ」「お帰りなさいませ」のような挨拶言葉にほぼ限定されている。
　勧めに用いられる「てください (ませ)」「お～ください (ませ)」という形式は、すでに恩恵性表示の機能を失っている。主動詞のみの命令形の使用を避けるために用いられる、丁寧な勧めのモダリティ形式へと移行していると言えよう。
　以上見たように、「てくれ」「てください」「お～ください」は依頼、指示・命令、勧めのいずれにも用いることができる汎用型ではあるが、実際には指示・命令または勧めの形式として用いられることのほうが多く、依頼には用いにくい。日本語教育において、これを基本的に依頼の形式であると教えることには問題があると言えよう。

4. さらに

　「てください」などを依頼に用いることができる場合として、聞き手が業務としてその行為を遂行することが当然期待される場合をあげたが、加えて (27) のように懇願する場合をあげることができる。

(27) お願いです。命だけはお助けください。

これは、切羽詰まった状況で、聞き手の意向を尋ねることよりも、強く働きかけることに主眼があるため、疑問形にならない。

さらに、以上にあげた場合のいずれでもない用法として(28)のような激励もあげられるだろう。

(28) 頑張ってください。

なお、「てください」の「ください」が省略された形として「て」がある。こちらは(29)のような勧めにももちろん用いられるが、親しい相手に使用する形式であることから、「てください」「お〜ください」に比べて(30)のような依頼にも使用しやすい。

(29) たくさん食べて。
(30) ちょっと待って。

(姫野)

⇒「てくれませんか／もらえませんか」については第36課、「ませんか」は第38課、「ましょう(か)」は第39課参照。

第38課 │「ませんか」

1. これまで

　「ないか」には、動作主体が2人称(以下「2人称ガ格」という)の場合、(1)のように聞き手に強く指示する用法と、(2)のように聞き手に何かを勧める用法があり、動作主体が1・2人称(以下「1・2人称ガ格」という)の場合は(3)のように聞き手への勧誘を表す。

　（1）遅いぞ！　早くし<u>ないか</u>。
　（2）来週末、うちに来<u>ないか</u>。
　（3）今度、一緒に遊びに行か<u>ないか</u>。

このうち、(1)は常に下降イントネーションで発話され、聞き手への非難を含む。
　(2)と(3)の用法は、「か」を付加せず、上昇イントネーションを用いて「ない？」とすることもでき、女性の話し手は通常この形を用いる。

　（4）遅いぞ！　#早くし<u>ない</u>？
　（5）来週末、うちに来<u>ない</u>？
　（6）今度、一緒に遊びに行か<u>ない</u>？

　「ませんか」は「ないか」の丁寧体で、(2)と(3)に当たる用法を持つが、(1)の用法はない。

　（7）遅いですよ！　#早くし<u>ませんか</u>。
　（8）来週末、うちに来<u>ませんか</u>。
　（9）今度、一緒に遊びに行き<u>ませんか</u>。

(8)(9)ともに、「か」を付加せず、上昇イントネーションで替えることができる。
　この課では、(1)のような非難的用法以外の「ないか」「ませんか」(「ませんか」で代表させる)について考える。

2. しかし

　話し手とともに行動するよう聞き手を促す勧誘の表現形式としては、「ませんか」と「ましょうか」「ましょう」が代表的である。

　勧誘という行為は、当該行為が話し手のみに利益をもたらすのではなく、聞き手にとっても恩恵的であると話し手が考えている場合に行われる。したがって、(10)のように話し手の利益のために聞き手を動かそうとする場合に勧誘表現を用いると、「ませんか」「ましょうか」「ましょう」のいずれの形式であってもきわめて不適切となる。

(10) バスに乗りたいんですけどバス停がわからないので、
　　a. ＃一緒に行きませんか。
　　b. ＃一緒に行きましょうか。
　　c. ＃一緒に行きましょう。

　いずれの形式もこのような場合に用いることができないという点では変わりがなく、話し手の利益のために聞き手の行動を求める場合には、「ていただけませんか」のような依頼の形式を用いる必要がある（第36課）。

　勧誘の形式のうち、疑問形である「ませんか」と「ましょうか」については、「基本的に同じで、相手の意向を礼儀正しく尋ねるものだ」と説明する日本語教科書もあるが、一般に、「ませんか」のほうが「ましょうか」よりも丁寧な勧誘であると言われる。例えば、意向が明らかでない聞き手を勧誘しようとする場合、「ましょう」のみならず、「ましょうか」も不適切で、「ませんか」がふさわしい。

(11) 今度、友だちがオーケストラで演奏するんです。
　　　もしよろしかったら、
　　a.　 一緒に行きませんか。
　　b. ＃一緒に行きましょうか。
　　c. ＃一緒に行きましょう。

　では、勧誘の形式相互にはどのような違いがあるのだろうか。また、同じく疑問形である「ませんか」と「ましょうか」のうち、「ませんか」のほうがより丁寧だとしたら、その違いは何に起因するのだろうか。

3. 実は

● 3-1　勧め

　日本語において、聞き手に行動を求める場合、その行為の受益者が誰であるかは対人配慮の観点から非常に重要で、話し手に利益をもたらす行為の要求と聞き手に利益をもたらす行為の要求には異なる文型が用いられることが普通である。

　「ませんか」は聞き手に利益をもたらす行為の勧めに用いる形式であって、話し手受益行為の依頼には用いることができない。例えば、(8)「来週末、うちに来ませんか」という文の聞き手は、これを勧めと解釈し、食事の提供など何らかのもてなしを期待するかもしれない。「来週末、うちに来ませんか」と言われたので行ってみたら引っ越しの手伝いをさせられたというのでは、人間関係に問題が生じる。

　話し手のために来てほしいのであれば、依頼であるから、(12) を選ぶ必要がある。

　　(12) 来週末、うちに来てくれませんか。

　この文なら、聞き手は、何らかの話し手受益行為が自分に期待されていると理解することができる。

　「ませんか」という形式では、たとえ (13) のように尊敬語を使用しても、丁寧な依頼を遂行することはできない。

　　(13) #財布を忘れてきてしまいましたので、恐れ入りますが、1,000円、
　　　　お貸しになりませんか。

　依頼と勧誘で異なる形式を用いない言語を母語に持つ学習者の場合、この点に注意が必要である。

● 3-2　勧めから勧誘へ

　以上のように、「ませんか」は、聞き手受益行為の勧めをその基本的意味として持っている。「ませんか」の勧誘の用法は、「あなたが」という聞き手のみ (2人称ガ格) の行為の勧めから、「(私に加えて)あなたが」「(私と一緒に)あなたが」というように、話し手をも含めた1・2人称ガ格の共同行為に拡張されて生じたものである。基本は2人称ガ格であるため、1・2人称ガ格で用いられ、「一緒に」というような副詞があっても、問われているのはあくまで

独立した主体としての聞き手の意志である。

　他方、「ましょう（か）」は、話し手の意志を示すことが基本であって、話し手（1人称）のみの行為遂行の意志を示す用法から、話し手と聞き手をひとまとまりのグループとした、包括的1人称複数の意志が問題にされる勧誘の用法に拡張されたものである（第39課）。

　「ましょう（か）」は聞き手を1人称複数のグループに引き入れてしまうが、「ませんか」は聞き手をあくまでも独立した主体として扱い、その意志を問うものである。そのため、聞き手にしてみれば、「ましょう（か）」による勧誘で1人称複数の一部にされてしまうよりも、「ませんか」で勧誘されたほうが、自らの意志・主体性が尊重されていると感じられるため、丁寧な勧誘表現となるのである。

　同時に、そのような性質を持つため、(14)のように聞き手がその行為を行う意向をすでに明らかにしている場合には、「ませんか」は不適切となる。

(14) A：今度の打ち合わせはいつがいいですか。
　　 B：そうですね。15日はどうですか。
　　 A：じゃあ、a. ＃そうしませんか。
　　　　　　　 b. 　そうしましょうか。
　　　　　　　 c. 　そうしましょう。

4. さらに

　「ませんか」による勧めの発話の力は、否定形であることで「ますか」より強められている。

(15) お座りになりますか。
(16) お座りになりませんか。

　上記2例のうち、(15)は単に相手の意向を確かめているだけで、聞き手が座りたくなければそれでまったくかまわないように聞こえるが、(16)では聞き手が座ることを話し手が望んでいることが示されている。これは、否定文が事態成立への傾きを持っているためと考えられる。

　しかし、この「ませんか」でも、(17)のA2のように聞き手を強く引きこんで勧誘しようとする場合には不適切である。

(17) A1：今度、一緒に遊びに行きませんか。

B：あ、ありがとうございます。でも、ご迷惑じゃないですか。
　　　A2：とんでもない。　a.　　ぜひ行き<u>ましょう</u>。
　　　　　　　　　　　　　b. #ぜひ行き<u>ましょうか</u>。
　　　　　　　　　　　　　c. #ぜひ行き<u>ませんか</u>。

　(17)のBの発話は、関心を持っているもののAへの迷惑を懸念するものである。Bに関心があることは示されているので、A2で再度、Bの意向を聞くことは適切でない。このような場合には、包括的1人称複数の確定した意志を表すために「ましょう」が用いられ、共同の意志の不確定を表す「ましょうか」も不適切となる。

（姫野）

⇒「てくれませんか／もらえませんか」については36課、「てください」は第37課、「ましょう（か）」は第39課参照。

第39課 |「ましょう（か）」

1. これまで

　動詞に「う／よう」が付加された形は意志形と呼ばれる。用いられる動詞が非意志動詞の場合は推量を表すことになるので、ここでは意志動詞が用いられている場合のみを扱う。
　「う／よう」は、(1)のように動作主体が1人称（以下「1人称ガ格」という）であれば話し手の意志を、(2)のように動作主体が1・2人称（以下「1・2人称ガ格」という）であれば勧誘を表す。

（1）あ、もうこんな時間。起きよう。
（2）時間もないし、今日はあきらめようよ。

　終助詞「か」を伴うと、1人称ガ格の場合、(3)のような未確定の意志や、(4)のような聞き手の意向の問いかけを表し、1・2人称ガ格の場合は(5)のように「う／よう」より婉曲的な勧誘となる。

（3）あ、もうこんな時間。そろそろ起きようか。
（4）もしもし。今、駅だけど、何か買って帰ろうか？
（5）ねえ、今度、一緒に遊園地に行こうか。

　「ましょう」は「う／よう」の丁寧体で、基本的に普通体と同じ用法を持つが、丁寧体という聞き手を意識した文体で、聞き手目当ての発話であるため、上記(1)(3)に相当する独話的用法はない。

（6）あ、もうこんな時間。#起きましょう。
（7）あ、もうこんな時間。#そろそろ起きましょうか。

2. しかし

　「ましょう（か）」を用いた勧誘文には、いくつかの特徴がある。
　まず第1に、「ましょう」「ましょうか」を用いた勧誘文では、「ませんか」による勧誘文と異なり、尊敬語動詞を用いることができない。

（8）今晩、皆で飲みに行こうかと思っているんですが、

  a. ＊一緒にいらっしゃいましょうか。
  b. 一緒にいらっしゃいませんか。

次に、選択疑問文や疑問詞疑問文にすることができる。

（9）少し休もうか、それとも出かけようか。
（10）どうしよう。

この点も、以下のように選択疑問文や疑問詞疑問文にすることができない「ませんか」と異なる。

（11）＊少し休まないか、それとも出かけないか。
（12）＊どうしないか。

また、「ましょうか」は「ましょう」より婉曲的であると解説されるが、(13)のように勧誘すると押しつけがましい印象を与える。

（13）＃映画のチケットが2枚あるんですけど、今週末、一緒に行きましょうか。

「ましょう」「ましょうか」による勧誘文は、なぜ以上のような特徴を持つのだろうか。この課では、1・2人称ガ格の勧誘文について、丁寧体・普通体の両方を含めて検討する。

3. 実は

● 3-1　敬語の使用

「ましょう」「ましょうか」勧誘文には、尊敬語動詞を用いることができない。他方、(14)(15)のように謙譲語動詞が用いられることは一般的である。

（14）正午にお会いしましょう。
（15）まいりましょうか。

このことは、意志形は基本的に1人称ガ格で話し手の意志を示すものであることを端的に示している。勧誘を表す「ましょう」「ましょうか」においては、聞き手は独立した主体として分化するのではなく、話し手と聞き手で構成されるグループの一部に取り込まれてしまう。つまり、動作主体は各人が独立した「私」と「あなた」ではなく、一体となった「私たち」である。そ

の意味では、1・2人称ガ格というよりも、むしろ包括的な1人称複数ガ格と言うべきであろう。このため、「ましょう（か）」に尊敬語を用いることはできないのである。

　(8a)のように尊敬語を用いた「ましょう」「ましょうか」勧誘文、特に、より丁寧な形式であるとされる「ましょうか」での尊敬語使用に違和感を持たない学習者が相当数いる。「ませんか」と異なり、「ましょう」「ましょうか」の勧誘用法は1人称ガ格から拡張した用法であることを理解していれば、尊敬語動詞が使用できないことも当然のこととして理解できるはずである。

● 3-2　選択疑問文、疑問詞疑問文

　「ませんか」勧誘文と異なり、「ましょうか」勧誘文は(9)(10)のように選択疑問文や疑問詞疑問文にすることができる。通常、何をするか決定していないときに、その行動への参加を聞き手に求めることはできないだろう。にもかかわらずこのような文が成立するのは不可解にも思えるが、このような文は(3)のような1人称の未確定の意志を示す文から拡張して成立したと考えられる。

（3）あ、もうこんな時間。そろそろ起きようか。

　(3)の文は、1人称ガ格で、話し手の意志を述べているが、その意志は未確定であり、そのため(16)のように異なる選択肢を並べることも可能となる。

（16）そろそろ起きようか、それとももう少し寝ようか。

　この未確定の意志が、1人称ガ格から聞き手を含む包括的1人称複数の未確定意志に拡張されると、(9)(10)のような文が成立すると考えられる。

　実際、このように未確定の意志を表す普通体の文では、ガ格が1人称か1・2人称かは不明確である場合が多い。例えば、(10)「どうしよう」という発話を聞き手が話し手の独り言と解釈するか、聞き手を含む「われわれ」の行為が問題にされていると解釈するかは、状況による。さらにはこれを発話した話し手自身の意識すら、そのガ格を話し手だけだと認識しているのか、聞き手をも取り込んだ1人称複数だと認識しているのか、あいまいな場合もあるように思われる。

● 3-3　勧誘と丁寧さ

　「ましょうか」は「ましょう」より婉曲的で丁寧であると解説する教科書が

多い。確かに「ましょうか」は、「ましょう」のように1・2人称の共同意志を話し手が勝手に形成してしまうわけではなく、共同の意志を未確定のままにしているので、その点ではより婉曲的であると言える。しかし、「ませんか」のように聞き手を独立した主体と扱ってその意志を問うという姿勢にないという点では、「ましょう」も「ましょうか」も同様である。意志が未確定であるとは言っても、聞き手は1人称複数の中に取り込まれてしまっているのであるから、(13)のように会話冒頭から「ましょうか」と勧誘されると、聞き手は自らの意向が尊重されていないという印象を受けることになる。聞き手への勧誘を最初に持ち出す際には、「ましょうか」よりも「ませんか」がふさわしい。

　以上取り上げた特徴は、いずれも「ましょう」「ましょうか」が本来的には1人称の意志または未確定の意志をベースにした形式であることに由来している。1・2人称ガ格の勧誘用法へと拡張された際にも、聞き手はあくまで包括的1人称複数というグループの一員に引き込まれているだけであるため、尊敬語動詞は用いることができず、意志が確定していなくても持ちかけることができ、同時に、「ませんか」より押しつけがましい印象を免れないのである。

4. さらに

　「ましょう」「ましょうか」が1人称ガ格を基礎とすることを強調したが、この形式は以上に見たような包括的1人称複数ガ格の用法へと拡張され、さらには、むしろ2人称への働きかけを主眼とする用法まで生んでいる。

　　(17) 校庭で元気よく遊び<u>ましょう</u>。
　　(18) インターネットを悪用した人権侵害は止め<u>ましょう</u>。

(17)(18)は標語で、話し手は特定できないが、話し手自身も行う行為への参加を求めているというより、「遊びなさい」「止めてください」に相当するような聞き手への働きかけを趣旨としていることは明白である。
　若者の発話に見られる以下のような例も同様である。(19)はケンカをしている2人に対してケンカの当事者でない発話者が、(20)は大人げない行動をとっている聞き手に対して友人が発話したものである(いずれも北川悦吏子『たったひとつの恋』より)。

(19) ケンカ、やめようよう……
(20) 大人になろうよ。

　実質的には聞き手のみに行為を求める働きかけであるが、聞き手に一方的に行動を促すのでなく、話し手も一緒に行動するかのように装うことで、発話の力を緩和しようとする意図があるように見える。

(姫野)

⇒「しよう」については第35課、「ませんか」は第38課参照。

第40課 | 「あなた」

1. これまで

　「あなた」は、「きみ」「おまえ」などとともに2人称の人称代名詞である。人称代名詞は多くの言語において基本文型を構成する基本的な機能語と考えられていることから、日本語文法においても、1人称代名詞「私」とともに、基礎語彙に位置づけられる。

　しかし、会話の中での使用頻度は基礎語彙と呼ぶほどに高くない。また、「きみ」「おまえ」などと比較すると一定の敬意を表すとされるにもかかわらず、日本語教育では(1)のような言い方は好ましくないと指導される。

　（1）　あなたは電子工学がご専門ですね。

　これは、この語が「現在では、年齢や立場が同等、あるいは下位にある人に対して使うことが一般的となっており、上位者に対しては用いにくくなっている」という事情、および、「相手の名前を示さずに呼ぶことで、中立的な表現となる反面、やや冷たい響きが感じられる」という事情によるものである（文化審議会答申2007：40）。

　名前がわかっている場合には名前で呼び、初対面のときには、まず相手の名前を尋ねることが推奨される。組織内で身分がわかる場合には、(3)のように身分呼称で呼びかけることが多い。

　（2）　石田さんは電子工学がご専門ですね。
　（3）　部長は電子工学がご専門ですね。

　名前を知らない相手には、(4)のようにその人の行動に敬語を使ったり、(5)のように話し手の視点を明示したりすることによって、「あなた」を使わないことが推奨される（文化審議会答申2007：40）。

　（4）　雨の中、よくいらっしゃいました。
　（5）　教えてくれてありがとう。

　ただし、夫婦や師弟間などで親しみを表すために「あなた」を使うことがある。

2. しかし

英語母語話者など、日本語を母語としない人の立場から言えば、自分の母語では不可欠なものだと意識している人称代名詞が日本語ではあまり使われないとか、できる限り使わずに済ませるべきだとかいうことは、簡単に納得できることではない。2人称代名詞を使わないで、動作主や感情・属性の持ち主が聞き手だとどうやって特定するのか疑問に思うだろうし、日常のコミュニケーションの中でときどき「あなた」が使用されていることに気づいた人は、この語にも使用のガイドラインがきっとあるに違いないと考えるだろう。

このような疑問に対して、「日本語では言わなくてもわかることは省略されることが多く、『あなた』もさまざまな文型において省略されているのだ」と説明されがちである。

（6）（あなたは）立ってください。
（7）（あなたは）毎日日本語を勉強しますか。
（8）（あなたは）お酒は好きですか。
（9）田中さん、（あなたは）お元気ですか。

この説明が正しいのなら、(6)～(9)において「あなたは」が使われても使われなくても、まったく同じ内容を伝えるはずである。しかし実際には、「あなたは」と言えば、不自然に聞こえるだけでなく、本来なかったはずの対比のニュアンスも生じる。したがって、省略という説明は適切とは言えない。

3. 実は

● 3-1 聞き手のゼロ化

第1課で論じたように、イマ・ココの主観的把握が好まれる日本語においては、事態を観察し把握する原点である「私」は、認識の対象とならず、言語化されない。日本語で聞き手が言語化されないことも、このことから説明可能である。聞き手は確かに話し手の〈見え〉の中にあるが、話し手と共同主観的な関係を構築する相手と捉えられることが多いため、やはり多くの場合ゼロ化され、特別に取り立てて他者と対比する必要がある場合にのみ言語化されるのである。

このことは、話し手と聞き手とが「会話の当事者として、常に潜在主題としての性格を持ち、他の事物と異なり、実際に会話の話題にのぼっていなく

ても、あたかも会話の主題であったかの如き特性を示すことができる（久野 1978: 119）」という見方とも通じる。

　命令や依頼や問いかけの文など、特定のモダリティの類型に属する文や特定の発話意図による文においては、以下のaのように、聞き手は通常、言語化されない。

(10)　a. Ø／b. あなた／c. 鈴木さん、ちゃんと掃除しなさい。（命令）
(11)　a. Ø／b. あなた／c. 鈴木さん、こっちへ来てよ。（依頼）
(12)　a. Ø／b. あなた／c. 鈴木さん、来週パーティーに出る？（問いかけ）

　聞き手がゼロ化されていても、(10)(11)で「掃除する」または「来る」行為の動作主となるよう働きかけられ、(12)で「出る」という行為をするかどうか問いかけられているのは聞き手だと理解される。
　b、cのように言語化された場合には、聞き手のうちの誰か（全員の場合もある）を話し手が動作主として選んだというニュアンスが生じる。「鈴木さん」という人が聞き手の中にいなければ、(10c)(11c)は不適切な文となり、(12c)では発話の場にいない「鈴木さん」が動作主になる。
　(4)(5)のような歓迎、感謝を発話意図とする文の場合も、同様に、その文の特性から、聞き手が動作主だと特定される。
　上記のような類型の文においてゼロ化された聞き手は、敬語や視点表現がなくても理解されるのであるから、動作主を明らかにするために敬語や視点表現を使っている（文化審議会答申 2007）というのは適切な記述とは言えない。これらが手がかりとなることは確かだとしても、それは使用されたことの効果でしかない。

● 3-2　名前や身分呼称の使用

　(2)や(3)の名前や身分の使用は、単なる2人称代名詞の代替物ではない。聞き手（または聞き手の一部）を他の人物から際立たせるために慣習的に用いられる用法である。
　これらの用法には、2人称代名詞とは決定的に異なる特徴が1つある。それは、その呼称を用いればどの人称の人物でも指示できることである。

(13)　母親：［自分の子に］そんなに泣いたらお母さんも困るの。
(14)　子：［自分の母親に］お母さんのシチュー、大好き。
(15)　偶然居合わせた人：［幼い子に］あぶないよ。お母さんの手にちゃんと

つかまっていなさい。

同じ「お母さん」が、(13)では話し手自身を、(14)では聞き手を、(15)では会話の当事者以外の第三者を明示するために用いられている。役職名称にも、同様に3つの用法が存在する。

(16) 先生：［生徒に］<u>先生</u>は今忙しいんだよ。
(17) 学生：［教師に］<u>先生</u>は明日も大学にいらっしゃいますか。
(18) 学生：［クラスメートに］<u>先生</u>はちゃんと指導してくれてる？

人の名前にも、話し手自身の明示の場合には敬称が用いられないという違いはあるものの、やはり3つの用法が観察される。

(19) 山本：重い物運ぶなら、<u>山本</u>に任せなさい。
(20) 川上：［山本に］<u>山本さん</u>も次のパーティーに出席するよね。
(21) 川上：［田中に］<u>山本さん</u>も一緒に行くから切符渡しといて。

日本語の話し手は、自分および相手を、話し手、聞き手という対話上の役割から抽象的に捉えてつねに一定の人称代名詞で指示するのではなく、発話の現場や相手との関係に即して現場志向で把握し表現する。そのため、名前、身分呼称など、その場に適切なさまざまな表現方法を用いることになり、また、そこで用いられる名前、身分呼称などは、人称と関わりなく用いることができるのである。

4. さらに

では、「あなた」が積極的に用いられるのはどのような場合だろうか。例えば、前述の親しみのある呼称としての「あなた」はその1つであるが、もっと一般性のある用法として次のようなものがある。

(22) 「御利用いただく」は、「私は<u>あなた</u>が利用したことを（私の利益になることだと感じ）有り難く思う」という意味を持った敬語である
（文化審議会答申 2007）
(23) <u>あなた</u>のご職業は何ですか。　　（アンケート用紙にある質問文）
(24) <u>あなた</u>が選ぶカー・オブ・ザ・イヤー　　（自動車賞の名称）
(25) <u>あなた</u>がいてくれたから　　　　　　　　　　（歌の題名）

(22)〜(25)の「あなた」は、メッセージの不特定の受け手を示す。これらの用例は、特定の対話の時空間で、特定の話し手が特定の聞き手に向けて発話したものではない。そのため、個別の状況に即して、「石田さん」や「部長」などの語で受け手を指すことができず、「あなた」が使用されるのだと考えることができる。この用法は、歌の題名や歌詞の中によく見られる。「あなた」よりスピーチレベルが低い「きみ」「おまえ」などにも同様の用法がある。

（吉田）

⇒ 私（原点）については第1課、「私（体験者）」は第2課参照。

第41課 ｜ 謙譲語

1. これまで

● 1-1 2種類の謙譲語

　2007年2月に出された文化審議会答申「敬語の指針」において従来の「謙譲語」が「謙譲語Ⅰ（「伺う・申し上げる」型、一般形「お〜する」）」と「謙譲語Ⅱ（「参る・申す」型、一般形「〜いたす」）」に分けられた。菊池（1994）はすでにこの2種を認め、「謙譲語A」「謙譲語B」と呼んだが、ここでは「敬語の指針」に従って「謙譲語Ⅰ」「謙譲語Ⅱ」と呼び、菊池（1994）の解説を簡単に見ておく。

　謙譲語Ⅰは補語を高め、主語を低く位置づけるもので、いわば補語への敬語であるのに対し、謙譲語Ⅱは主語を低めて聞き手への丁重さを示すもので、いわば聞き手への敬語である。

　以下の(1a)は、謙譲語Ⅰである「申し上げる」が補語「やくざ」を高めてしまうため、不適切である。それに対して(1b)では、謙譲語Ⅱである「申す」に補語「やくざ」を高める機能がないため、聞き手に対してへりくだって述べる敬語表現となり、おかしくない(注)。

（1）a.　＊私はそのやくざに、早く足を洗うように申し上げました。
　　　b.　　私はそのやくざに、早く足を洗うように申しました。

　謙譲語Ⅰは補語を高めるため、高めるべき補語がない場合(2a)、または高めるべき補語でない場合(3a)には使えない。謙譲語Ⅱは聞き手に丁重に述べるだけなので、高めるべき補語がない場合(2b)、または高めるべき補語でない場合(3b)にも用いることができる。

（2）a.　＊私は、8時の特急にお乗りします。／ご乗車します。
　　　b.　　8時の特急に乗車いたします。
（3）[妻が他人に]　a.　＊私が主人をご案内しました。
　　　　　　　　　　b.　　私が主人を案内いたしました。

● 1-2 「させていただく」

　菊池（1994）が述べるように、謙譲語Ⅰは「お送りする」「お話しする」のよ

うに和語動詞から生産できるのに対し、謙譲語Ⅱは「＊送りいたす」「＊話しいたす」など、和語動詞からは生産できない。そのため、(4) のように聞き手を動作の対象とせず謙譲語Ⅱで聞き手尊敬を表すべき場合、「送付いたします」のような漢語動詞による表現は可能だが、和語動詞では敬語表現に窮することになる。

（4）＊お知らせいただいた件は、早速、弊社支局に送りいたします。

山田 (2004) は、このような場合、(5) のような「〜させてもらう」文がその欠落を埋めるために用いられるが、(6) のように聞き手を動作の対象とする場合は、「お〜する」が存在するので、「させていただく」に「積極的な存在意義がない」と述べた。そして、「させていただく」の自然さについては、「結局、話者受益の有無がこれらの文の可否を決めている」としている。

（5）お知らせいただいた件は、早速、弊社支局に送らせていただきます。
（6）こちらから資料を送らせていただきます。

2. しかし

聞き手を動作対象とする場合には「冗長」「不自然」とされる「させていただく」だが、実際にはこの場合にも「させていただく」は頻繁に用いられる。一種の複合的謙譲語である「させていただく」は、「サ入れ言葉」と呼ばれる形態上の問題とともに、その過剰な使用が問題として取り上げられることが多いが、なぜ過剰なまでに使用されるのだろうか。またこの場合、「お〜する」と「させていただく」には使い分けの原則が存在しないのだろうか。

以下、聞き手を動作の対象とする場合について考える。

3. 実は

● 3-1　聞き手受益の場合

謙譲語Ⅰである「お〜する」と「させていただく」の両形式の基本的な違いは、「お〜する」には話し手利益が表現されておらず、「させていただく」には話し手受益が表現されていることである。

益岡 (2009) は、「お〜する」（益岡の用語では「スル型尊敬構文」）は「動作の主体から相手への恩恵の授与を表す「〜てあげる（てやる）」の構文——敬

語表現で言えば、「〜てさしあげる」の構文——に類するもの」であり、「『間接的恩恵授与構文』とでも呼び替えることができる」と述べている。日本語では、自己行為による他者の受益はなるべく表出しないことが配慮表現の原理として強く働くため、相手への恩恵を直接的に表現する「〜てさしあげる」構文を避け、「お〜する」を用いるのである。

次の (7) は、明らかに聞き手に対する恩恵行為である。

（7） a. 先日ご一緒したときの写真を<u>お送りします</u>。
　　　b. ?先日ご一緒したときの写真を<u>送らせていただきます</u>。

この場合、(7b)「させていただく」は明らかな聞き手受益であるものを話し手受益だと表現し、過剰で不自然な印象を与えるため、(7a)「お〜する」が選ばれるだろう。

● 3-2　話し手受益の場合

他方、話し手受益がある場合には、「お〜する」は避けられる傾向にある。例えば、就職を希望して履歴書を送付する (8) のような場合、(8a) は用いにくい。

（8） a. ?履歴書を<u>お送りします</u>。
　　　b. 履歴書を<u>送らせていただきます</u>。

写真の送付と異なり、履歴書の送付はむしろ就職を希望する話し手の利益となる。このような場合、「お送りします」を使用すると、履歴書送付が先方への恩恵と捉えられているかのように感じられ、違和感につながる。

● 3-3　聞き手受益を示唆したくない場合

話し手受益とは言えないが、少なくとも聞き手受益を示唆したくないという場合も考えられる。(9) のような場合、聞き手受益を表出したくなければ選択肢は「させていただく」に限られる。

（9） a. ?また手紙を<u>お書きします</u>。
　　　b. また手紙を<u>書かせていただきます</u>。

また、「2人称者に」のように直接的に聞き手に向かう動作ではなく、「2人称者の〜を」というような構文の場合も考えられる。

(10) ＊先生の御著書、お読みしました。
(11) ＊先生の御著書、お買いしました。

「読む」に対する「拝読する」のように特定形が存在すればそれを用いることができるが、「買う」に対しては特定形が存在せず、「買わせていただく」が唯一の選択肢となる。

以下の(12)は、会員が特典を利用すると持ち点が引かれていくという、聞き手受益でない状況において「お～する」が用いられていた実例だが、聞き手受益が示唆されて、不適切であると感じられる。

(12) ??プレゼント当選者は1ポイントお引きします。(『朝日友の会会報』79号、2002)

● 3-4　謙譲表現と恩恵性

「お～する」を避けるための「させていただく」の使用は、謙譲語使用のストラテジーにおいて大きな位置を占めている。

聞き手を補語とする「させていただく」文において、話し手受益が「させていただく」の適切性判断に関わっていること自体に異論はないが、「させていただく」を用いて話し手受益を表出したいという積極的な表現意図よりも、「お～する」を用いることで聞き手受益を表出したくないという消極的な表現意図を想定すべきであると考える。「させていただく」が多用（さらには乱用）される背景にあるのは、「話し手受益の表出」というよりもむしろ「聞き手受益の不表出」ではないだろうか。つまり、「お～する」を用いることで表出されてしまう聞き手受益の含意を避けるために「させていただく」が選ばれ、「させていただく」を用いると、言わばその副産物として話し手受益が加わるという構図である。

4. さらに

ただし、「お～する」類が常に恩恵性を含意するわけではない。「人を」を取る動詞のうち「お待たせする」「お騒がせする」「お邪魔する」など、「人に」を取るもののうち「(ご迷惑を)おかけする」「お断りする」「お願いする」などに恩恵性の含意はない。どのような動詞であれば恩恵性の含意が生まれるのだろうか。語彙的意味の中に本来的に補語への「迷惑」が含まれる「騒がせる」「邪魔する」などの動詞、逆に、語彙的意味の中に本来的に動作主体

への「恩恵」が含まれる「願う」「すがる」などの動詞は、「お~する」形式にしても補語への恩恵という含意が生じないように思われる。つまり、状況によって主語への恩恵にも補語への恩恵にもなりうるような動詞に関しては、「お~する」が補語への恩恵を示唆するのではないかと考える。なお、特定形「伺う」「申し上げる」「いただく」などは補語受益を示唆しない。

(注) この二文の適切性を大学学部生に判断してもらうと、ほとんどの学生がどちらも可と答え、中には「申し上げました」のほうが無難と答える学生もいる。

(姫野)

⇒ 文体については第42課参照。

第42課 ｜ 文体

1. これまで

　文化審議会答申「敬語の指針」(2007) は敬語を5種類に分けているが、「です・ます」はそのうちの丁寧語に分類され、「話や文章の相手に対して丁寧に述べるもの」とされる。(1) のように「です」「ます」を文末に付加して話や文章の相手に対して丁寧さを添えて述べた文体は丁寧体、そうでない (2) は普通体と呼ばれる。

　（1）　そう**です**か。わかりまし**た**。すぐ行き**ます**。
　（2）　そう**か**。わかっ**た**。すぐ行**く**。

　しかし、文体は1つの談話において常に丁寧体か普通体のいずれかに統一されているわけではなく、実際には混合して用いられることもある。丁寧体基調の談話に普通体が現れたり、普通体基調の談話に丁寧体が現れたりする現象はスピーチレベルシフトと呼ばれ、多くの研究が行われている。例えば、日本語記述文法研究会編 (2009c) は、話し手の感情を表出する独話的発話は丁寧体基調の談話でも普通体で現れやすく、依頼の「てください」や確認の「でしょう」などは普通体基調の談話でも現れやすいことを指摘している。

　（3）　わあ、**うれしい**。よろしいんですか。ありがとうございます。
　（4）　授業、**出たんでしょう？**　どうだった？　おもしろかった？

　また丁寧体は (5)(6) のように従属節の中にも現れる。

　（5）　現時点では人数が**把握できませんので**、後日ご連絡します。
　（6）　**調べてみましたが**、わかりませんでした。

　このうち、(5) の従属節を普通体にした (7) は文全体としての丁寧さが維持されて適切な文となるが、(6) の従属節を普通体にした (8) は、主節の丁寧体と統一が取れず、違和感を引き起こす。これは、「ので」節に比べて「が」節は「文らしい」性質が強いためである。

　（7）　　 現時点では人数が**把握できないので**、後日ご連絡します。
　（8）　?? **調べてみたが**、わかりませんでした。

南（1974、1993）は、内部に含むことのできる要素によって、従属節をA類からD類に分類した。A類はテンスの分化がなく、B類はテンスが分化して命題となるが対事的モダリティはない。C類で対事的モダリティが現れ、D類はさらに対人的モダリティも含む。「ので」節・「のに」節などはB類、「が」節・「から」節などはC類に分類されている。主節が丁寧体である場合、B類に当たる従属節は丁寧体でなくてもよいのに対し、C類の従属節、特に「が」節のように「文らしさ」の度合いの高い従属節は、丁寧体にする必要がある。

2. しかし

「ので」節でも以下の（9）のように普通体にできない場合がある。

（9）　＊資料を作ってまいったので、ご覧ください。
（10）　　資料を作ってまいりましたので、ご覧ください。

　また、連体修飾節の中の述語は、主節が丁寧体でも（11）のように普通体を用いるのが一般的で、（12）のような丁寧体は通常用いられないが、（13）のような連体修飾節では逆に普通体は用いにくい。

（11）　　昨日買った本を読みました。
（12）　??昨日買いました本を読みました。
（13）　??これから私が申すことは、内密にお願いします。
（14）　　これから私が申しますことは、内密にお願いします。

　また、最近、以下のようなアナウンスをよく耳にする。

（15）　？丸の内線は、降りましたホーム、3番線でお待ちください。

　（14）（15）では、なぜ連体修飾節に丁寧体が用いられるのだろうか。

3. 実は

● 3-1　謙譲語 II（丁重語）

　上記（9）は「（て）まいる」、（13）は「申す」という動詞を従属節、連体修飾節の述語に用いた文であった。「参る、申す、いたす、おる」は、「敬語の指針」（2007）において、「謙譲語 II（丁重語）（「参る・申す」型）」と呼ばれているものである。従来の分類では「伺う・申し上げる」類も、「参る・申す」

類も同様に「謙譲語」とされていたが、「伺う・申し上げる」類は当該動作の向かう対象に対する敬意を示すのに対し、「参る・申す」類は、話や文章の相手に対して丁重に述べるもので、むしろ「丁重語」とでも呼ぶべきものである（第41課）。したがって、(16)は敬意を示すべきでない弟に対して敬意が向けられていることになって不適切だが、(17)は弟ではなく話や文章の受け手に対する敬意なので適切な文となる。

(16) ＊その後、弟のところに<u>伺いました</u>。
(17) 　その後、弟のところに<u>参りました</u>。

さらに、(18)のように無生物を主語とする文では、「参る」に主語を低めるという機能はなく、純粋に、聞き手に対して丁重な物言いをするためだけの使用となっている。

(18) 4番線に電車が<u>参ります</u>。ご注意ください。

このような謙譲語Ⅱは、一般に「ます」を伴って使用される。謙譲語Ⅰである「伺う」は(19)のように普通体で用いることができるが、謙譲語Ⅱの「参る」は(20)のように普通体にすると不自然である。

(19) 　その後、先生のところに<u>伺った</u>。
(20) ＊その後、先生のところに<u>参った</u>。

「参る、申す、いたす、おる」など謙譲語Ⅱは、聞き手に対して改まった丁重な述べ方をするためのものなので、聞き手への丁寧さを伴わない普通体で使用すると矛盾を引き起こす。そのため、B類従属節、連体修飾節の中でも丁寧体で用いられるのだと考えられる。

● 3-2　尊敬語と丁寧体

「謙譲語Ⅱ（丁重語）」の場合を見たが、(15)「降りましたホーム」では、謙譲語Ⅱ（丁重語）の述語が用いられているわけではないにもかかわらず、連体修飾節の中に丁寧体が現れている。

「降りる」行為の主体はこの場合乗客であるから、「降りたホーム」という表現では丁寧さに欠けると判断される。乗客を敬意の対象とするのであれば、本来「お降りになったホーム」と尊敬語にすべきであるが、(15)「<u>降りましたホーム</u>」では、動詞を尊敬語にする代わりに丁寧体を用いているように見える

この背景には、尊敬語と謙譲語の区別がつかない話者が増えていることがあるのではないだろうか。学部生に質問してみると、尊敬語と謙譲語を区別できない学生が多い。特に、「お〜になる」と「お〜する」のうち、どちらが尊敬語でどちらが謙譲語かという意識はかなり希薄化してきている。尊敬語の「先日お話しになった件」と謙譲語の「先日お話しした件」がうまく使い分けられなくても、丁寧体で「先日話しました件」と述べてさえおけば、それなりの丁重さが表現されて便利であることから、連体修飾節の中に丁寧体の使用が増えているようにも感じられる。
　橋本 (2011: pp.191–192) は、次のように述べている。

　ネットによる未知の人々とのコミュニケーションの活性化で、議論の場では相手の肩書や年齢、性別、外見を気にすることが少なくなった。相手によって、自分をどう規定するか、「私」か「僕」か「オレ」か「お父さん」か、使い分けに悩む機会も減少しつつある。敬語もせいぜい丁寧語の使用で事足りる。

　日本語の敬語は、尊敬語や謙譲語という、素材に対する敬語が少なくなり、丁寧体の使用でその場の聞き手に対する丁重さだけを表すものへと今後さらにシフトしていくのかもしれない。

4. さらに

　丁寧体は、述語部分がイ形容詞・ナ形容詞・名詞であれば「です」、動詞であれば「ます」を使用するが、「否定」「過去」「丁寧」の接続は品詞によって異なり、複雑な体系となっている。

(21) 若い<u>です</u>／若く<u>ない</u>です／若かっ<u>た</u>です／若く<u>なかった</u>です
(22) 学生<u>です</u>／学生<u>ではありません</u>／学生<u>でした</u>／学生<u>ではありませんでした</u>
(23) 行き<u>ます</u>／行き<u>ません</u>／行き<u>ました</u>／行き<u>ませんでした</u>。

イ形容詞 (21) は肯定／否定、非過去／過去などの普通体の形式に「です」を付加することで丁寧体を作っているが、名詞・動詞の場合 (22) (23) は付加された「です」「ます」が活用して肯定／否定、非過去／過去を表している。特に、「ませんでした」は「丁寧 (ませ)＋否定 (ん)＋丁寧 (でし)＋過去 (た)」という構成で「丁寧」が冗長である。

他方、動詞の否定形として、(24)のようなイ形容詞型の丁寧体が使われるようになっている。

(24) 行か<u>ないです</u>／行か<u>なかったです</u>

「ないです」は「否定＋丁寧」、「なかったです」は「否定＋過去＋丁寧」と、「丁寧」が最後に付加された形であり、この「ないです」型の否定は、「ません」と機能を分化させつつ併存している。

さらには、動詞の否定以外の形式でも以下のような使用例がある。

(25) ちょっと強引<u>だったです</u>か。

「丁寧＋過去」である「でした」とは異なり、「だったです」は「過去＋丁寧」の形式で、「丁寧の外付け化」とも言える現象が進んでいることを印象づける。動詞では、「決めましたです」のように丁寧が二重に使用される場合もあるが、「決め<u>たです</u>」のように普通体の動詞文の後に「です」を付加する形式も実際に使用されており、丁寧体は単純な「です」外付け体系に向かっているように見える。

(姫野)

⇒ 謙譲語については第41課参照。

第43課 「よ／ね」

1. これまで

　日常会話には「ね、よ、よね、な」などの終助詞が欠かせない。終助詞は、発話末に現れ、「するよね／わよね」のように2つ以上連続する場合もある。終助詞の先行研究は数多く、音声面を含めて情報伝達から記憶の分野まで幅広く分析されている。日本語学では、終助詞は基本的に発話態度を表すモダリティ形式とされ、その使用は聞き手の存在を前提とし、性差や地域差もある。ここではまず、話し手の表現意図を基に考える。イマ・ココで終助詞が表す話し手の発話意図は、大きく伝達内容と聞き手に関わり、概ね(1)のように分類できるとされる。以下、終助詞をカタカナ表記する。

（1）
伝達内容に関わる	断定する	サ、ワ
	疑問を表す	サ、カイ、カナ、カシラ
	感情などを表す	ナア、ワ
聞き手に関わる	情報を提供する	ヨ、ゼ、ゾ
	同意や確認を求める	ネ、ネェ、ナ

　ここでは、ヨとネについて考える。
　ネは、話し手と聞き手との情報の共有を表示し、(2)のように聞き手の同意を求めたり、(3)のように聞き手に何かの情報の真偽の確認を求めたりする場合に使われる。一方、ヨは、話し手から聞き手への新情報の提示を表示するとされ、(3)(4)のように使われる。

（2）A：いい天気ですネ。
　　　B：そうですネ。
（3）A：締切は明日ですネ。
　　　B：そうです（ネ）／いいえ、違います（ヨ）。
（4）A：締切は明日ですカ。
　　　B：そうです／いいえ、違います（ヨ）。

　(2)で、Aは、Bと共有する情報についてBの同意を求め、BもネでAに

同意を求めており、どちらのネも必須である。一方、(3)では、Aは自身が信じる情報が共有情報かどうかをネでBに確認し、Bがそれに応じる。Bの肯定的な応答では、ネは任意となる。

一方、(3)(4)で、BがAの確認に対して否定的に応答する場合は、BはAが知らない情報、すなわち、Aの縄張りには無いと推測する情報(神尾1990)を提供することになる。ヨの使用は任意である。

(5)でBはAへの返答にネは使えず、ヨは任意である。

（5） A: あした、いらっしゃいますネ。
　　　 B: はい、＊参りますネ／参ります(ヨ)。

Bの縄張りの情報(Bの明日の予定)の確認にネを用いて返答することは、自身の予定についてAに確認を求めることになり、不適切である。このように、ヨとネの使用は情報の縄張りにも関連する。

2. しかし

(6)のBのように、ネで新しい情報を提供することが可能である。

（6） A: 明日の仕事は何時からですカ。
　　　 B: ええと…10時からです／ですヨ／ですネ。

また、(3)(4)(5)の任意のヨの機能は何か。さらに、(7)のようなヨネはヨとネの組み合わせと考えてよいだろうか。

（7） 明日、授業あるヨネ。

3. 実は

● 3-1　共同注意を促すヨ

(3)から(5)で、Bはヨを使わずにAが求める情報の提供ができる。

（3） A: 締切は明日ですネ。
　　　 B: いいえ、違います(ヨ)。
（4） A: 締切は明日ですカ。
　　　 B: いいえ、違います(ヨ)。

これらの例でヨが果たす機能は、情報の提供そのものにはなく、共同注意（第3課）を目指して、話し手が注目する情報に聞き手の注意を促すことにある。(3)でAは何かの根拠に基づいて締切が明日だろうと推論し、それをBに確認する。一方、(4)では、Aは締切が明日かどうかの肯否をBに問う。いずれの場合も、Bは、自分が知っている正確な情報（締切は明日ではない）にAの注意を向けさせ、共同注意態勢を築こうとする。ヨの基本的な機能は話し手が注目する事態に聞き手の注意を促すことである。
　このヨの根本機能は、聞き手の注意喚起の必要性や緊急性が高い場合にヨがよく使われることと矛盾しない。

（8）そこ段差があります（ヨ）。
（9）あっ、自転車が来ます（ヨ）。

　(8)(9)で話し手は、自身が気づいている（すなわち、注目している）が聞き手が気づいていないイマ・ココの事態に聞き手の注意を向けさせる。「気をつけて」などが続かなくても、緊急事態への対応の必要性を伝え、聞き手は段差や自転車をよけるなどの適切な行動に速やかに移ることができる。ヨがなければ(8)(9)は単なる事態の叙述にすぎず、聞き手は協調の原理に基づいて、話し手の発話意図を推論する必要が生じるため、緊急事態にはふさわしくない。ヨは、情報伝達に必須の要素ではないが、共同注意構築に向けた聞き手の注意喚起という、話し手から聞き手への働きかけを達成する。

● 3–2　共同注意を求めるネ

　(2)では、AとBがやり取りする情報はイマ・ココの天候で、改めて確認をする必要もないことだが、いずれのネも必須である。池上・守屋編著 (2009) は、この種のネの使用の目的は、話し手が聞き手に同じモノやコトにともに目を向けるように共同注意を求めることにあるとする。ネは情報のやり取り自体にかかわらず、同じ事態に目を向け、確認し合うことを通して話し手と聞き手との連体感の達成に関わる。
　対照的に(3B)「そうです（ネ）」のネは任意である。Aが共同注意を求める情報（締切は明日だ）を確認したことを表明するだけならネは不要だが、(2)同様に、ネによって同じ情報にともに目を向けることを求め合うことで、話し手と聞き手の共同注意が確認でき、共感が生まれる。
　また、ネは、(6)や(10)のBのように、聞き手に情報を提供することもできる。

(10) A: 次の会議はいつですカ。
　　　B: ええと…あ、来週の月曜です（ネ）／です（ヨ）。

(6)も(10)も、AはBの縄張りにあるはずの情報についてBに問い合わせているので、ヨは使用できても、ネは使用できないはずである。にもかかわらずネが使用されるのは、Bが情報を探索したからである。(6)も(10)も、Bは即答せず、「ええと…」などを使っていることから、Bは自身の記憶や手帳などの記述に答えを探索したらしいことがわかる。このことは、(11)のように探索に時間がかからない情報の場合と比べるとわかりやすい。(11)のBはネが使えない。

(11) A: お名前は？
　　　B: 近藤です（*ネ）／です（ヨ）。

Aが求める情報はB自身の属性で、Bが自身の名前の探索に時間がかかるはずはない。名前のような自分の縄張りの中核にある情報ではなく、(10)のように探索が必要な情報を提供する場合、ネをつけることで、探索に時間がかかっても、BはAと同じ事態（会議の日程）にAとともに目を向けていることを示すことができ、それによって共同注意を求め、結果としてある種の連帯感を生じさせる。

　一見本来の機能から逸脱したネの使用にも、話し手と聞き手の共同注意が関わっている。ヨもネも聞き手との共同注意をめぐる話し手の態度の現れである。

● 3-3　ヨネの機能

　ヨネの機能は何か。ヨとネの典型的な文脈で比べてみよう。

(12) A: いい天気ですネ。
　　　B: そうですネ／そうですヨネ／*そうですヨ。
(13) A: 明日は休みですカ。
　　　B: いいえ、*違いますネ／*違いますヨネ／違いますヨ。

　(12)と(13)では、ヨネはヨよりネに近いふるまいをする。しかし、(14)ではヨネしか使えない。

(14) よく覚えていないけど、明日授業ある*ネ／ヨネ／*ヨ。

(14) を見ると、不確かな事態にヨで聞き手の注意を促すことも、ネで共同注意を求めることもできないが、ヨネは使用できる。ヨネは、共同注意の促しのヨと希求のネの単なる組み合わせでなく、1つの終助詞と考えよう。ヨネの機能は、自身が注目している事態を示しつつその事態を聞き手にともに注目してほしいという、共同注意に関わる話し手の態度を表すと考えてはどうだろう。ヨとネの基本機能の単純な加算ではなく、融合と言えるかもしれない。ヨネの使用にも、聞き手と話し手の共同注意が関わっている。

4. さらに

近年、ダネ、デスネ、ダヨネ、デスヨネがあいづちとして使われるようになった。ダとデスは述語の代用表現で、直前の事態を話し手と聞き手の共同注意の対象とすることが伝わる。しかし、ネは単独で使われることがある。

(15) A1: 授業、つまんない。
　　　B1: <u>ダヨネ</u>／<u>デスヨネ</u>／<u>ネ</u>。
　　　A2: 寝るなって言われても無理。
　　　B2: <u>ダヨネ</u>／<u>デスヨネ</u>／<u>ネ</u>。
　　　A3: もっと面白くなくちゃ。
　　　B3: <u>ダヨネ</u>／<u>デスヨネ</u>／<u>ネ</u>。

ネでBがAと同じ事態（授業のつまらなさ）にともに目を向けていることを示したり、ヨネでその事態にBが注目しかつAに共同注意を促したりすることで、AとBの共感が生まれ、会話の継続が促される。また、ネの単独使用は、共同注意態勢にあるAとBがともに注目するモノや事態は、言語化する必要さえないほど暗黙の了解になっていることを示唆し、仲間意識や連帯感を際立たせることができるようである。

（近藤）

参考文献一覧

【全般的なもの】
庵功雄・高梨信乃・中西久実子・山田敏弘著、松岡弘監修（2000）『初級を教える人のための日本語文法ハンドブック』スリーエーネットワーク
庵功雄・高梨信乃・中西久実子・山田敏弘著、白川博之監修（2001）『中上級を教える人のための日本語文法ハンドブック』スリーエーネットワーク
池上嘉彦（2003-2004）「言語における〈主観性〉と〈主観性〉の言語的指標（1）（2）」『認知言語学論考』Nos. 3, 4、ひつじ書房
池上嘉彦（2006a）「〈主観的把握〉とは何か─日本語話者における〈好まれる言い回し〉」『月刊言語』5月号、大修館書店
池上嘉彦（2006b）『英語の感覚・日本語の感覚』NHK出版
池上嘉彦・守屋三千代編著（2009）『自然な日本語を教えるために』ひつじ書房
金水敏・工藤真由美・沼田善子（2000）『日本語の文法2　時・否定と取り立て』岩波書店
近藤安月子（2008）『日本語学入門』研究社
新屋映子・姫野伴子・守屋三千代（1999）『日本語教科書の落とし穴』アルク
寺村秀夫（1982）『日本語のシンタクスと意味I』くろしお出版
寺村秀夫（1984）『日本語のシンタクスと意味II』くろしお出版
中右実編（1998）『構文と事象構造』研究社出版
日本語記述文法研究会編（2009a）『現代日本語文法2　格と構文・ヴォイス』くろしお出版
本多啓（2005）『アフォーダンスの認知意味論』東京大学出版会
益岡隆志・田窪行則（1992）『基礎日本語文法─改訂版─』くろしお出版

【第1章　発話の原点】
阿部純一・桃内佳雄・金子康朗・李光五（1994）『人間の言語情報処理　言語理解の認知科学』サイエンス社
庵功雄（1995）「コノとソノ」宮島達夫・仁田義雄編『日本語類義表現の文法（下）』くろしお出版
庵功雄・高梨信乃・中西久実子・山田敏弘著、白川博之監修（2001）『中上級を教える人のための日本語文法ハンドブック』スリーエーネットワーク
池上嘉彦（2003-2004）「言語における〈主観性〉と〈主観性〉の言語的指標（1）（2）」『認知言語学論考』Nos. 3, 4、ひつじ書房

池上嘉彦（2006a）「〈主観的把握〉とは何か――日本語話者における〈好まれる言い回し〉」『月刊言語』5月号、大修館書店
金水敏（1999）「日本語の指示詞における直示用法と非直示用法の関係について」『自然言語処理』6-4、言語処理学会
金水敏・田窪行則編（1992）『日本語研究資料集　指示詞』ひつじ書房
阪田雪子（1971）「指示語「コ・ソ・ア」の機能について」『東京外国語大学論集』21
正保勇（1981）「「コソア」の体系」『日本語教育指導参考書 8 日本語の指示詞』国立国語研究所
田窪行則・金水敏（1996）「複数の心的領域による談話管理」『認知科学』3-3 日本認知科学会、（坂原茂編（2000）『認知科学の発展』ひつじ書房所収）
本多啓（2005）『アフォーダンスの認知意味論』東京大学出版会
吉田一彦（2008）「日本語中級・上級文法構築の提案――指示語を例として――」『タイ国日本研究国際シンポジウム 2007 論文報告書』チュラーロンコーン大学文学部 http://www.arts.chula.ac.th/~east/japanese/houkokusyo/houkokusyo_24.pdf

Clark, H. H. and C. R. Marshall (1981) Definite reference and mutual knowledge. A. Joshi, B. L. Webber and I. Sag (eds.) *Elements of Discourse Understanding* pp. 10-63, Cambridge University Press.

【第 2 章　空間・時間の把握】
秋田喜美・松本曜・小原京子（2010）「移動表現の類型論における直示的経路表現と様態語彙レパートリー」影山太郎編『レキシコンフォーラム』No. 5、ひつじ書房
阿部宏（2010）「ダイクシス動詞『行く』と『来る』の日仏対照」『日本認知言語学会第 11 回大会予稿集』
庵功雄・清水佳子（2003）『日本語文法演習　時間を表す表現――テンス・アスペクト――』スリーエーネットワーク
庵功雄・高梨信乃・中西久実子・山田敏弘著、松岡弘監修（2000）『初級を教える人のための日本語文法ハンドブック』スリーエーネットワーク
庵功雄・高梨信乃・中西久実子・山田敏弘著、白川博之監修（2001）『中上級を教える人のための日本語文法ハンドブック』スリーエーネットワーク
池上嘉彦（1981）『「する」と「なる」の言語学』大修館書店
池上嘉彦（2003-2004）「言語における〈主観性〉と〈主観性〉の言語的指標 (1) (2)」『認知言語学論考』Nos. 3, 4、ひつじ書房
池上嘉彦（2007）『日本語と日本語論』筑摩書房
池上嘉彦・守屋三千代編著（2009）『自然な日本語を教えるために』ひつじ書房

岩田彩志（2010）「Motion と状態変化」『レキシコンフォーラム』No. 5、ひつじ書房

金水敏・工藤真由美・沼田善子（2000）『日本語の文法2　時・否定と取り立て』岩波書店

近藤安月子（2008）『日本語学入門』研究社

定延利之（2002）「時間から空間へ？―〈空間的分布を表す時間語彙〉をめぐって」、生越直樹編『対照言語学（シリーズ言語科学4）』東京大学出版会

定延利之（2008）『煩悩の文法』筑摩書房

澤田淳（2010）「日本語ダイクシスの歴史的形成領域区分化」『日本認知言語学会第11回大会予稿集』

新屋映子・姫野伴子・守屋三千代（1999）『日本語教科書の落とし穴』アルク

砂川有里子（1986）『日本語文法セルフ・マスターシリーズ2　する・した・している』くろしお出版

寺村秀夫（1992）『寺村秀夫論文集I』くろしお出版

寺村秀夫（1993）『寺村秀夫論文集II』くろしお出版

ドルヌ、F・小林康夫（2005）『日本語の森を歩いて』講談社

中右実編（1998）『構文と事象構造』研究社出版

日本語記述文法研究会編（2007）『現代日本語文法3　アスペクト・テンス・肯否』くろしお出版

日本語記述文法研究会編（2009a）『現代日本語文法2　格と構文・ヴォイス』くろしお出版

野田尚史（1991）『はじめての人の日本語文法』くろしお出版

日高水穂（2007）『授与動詞の対方言学的研究』ひつじ書房

本多啓（1997）「世界の知覚と自己知覚」『英語青年』第142巻、第12号

本多啓（2005）『アフォーダンスの認知意味論』東京大学出版会

益岡隆志（2001）「日本語における授受動詞と恩恵性」『月刊言語』4月号、大修館書店

宮島達夫・仁田義雄編（1995）『日本語類義表現の文法（上）』くろしお出版

森田良行（1989）『基礎日本語辞典』角川書店

森山新（2008）『認知言語学から見た日本語格助詞の意味構造と習得』ひつじ書房

山田敏弘（2004）『日本語のベネファクティブ』明治書院

山田敏弘（2009）『日本語のしくみ』白水社

山梨正明（1995）『認知文法論』ひつじ書房

Jackendoff, Ray (1990) *Semantic Structure*. Cambridge, MA: MIT Press

Leech, Geoffrey, N. (1983) *Principles of Pragmatics*, Longman, London（池上嘉彦・

河上誓作訳(1987)『語用論』紀伊國屋書店)

【第3章　現場性】
安藤貞雄(1986)『英語の論理・日本語の論理』大修館書店
庵功雄・高梨信乃・中西久実子・山田敏弘著、松岡弘監修(2000)『初級を教える人のための日本語文法ハンドブック』スリーエーネットワーク
池上嘉彦(1981)『「する」と「なる」の言語学』大修館書店
池上嘉彦(2006a)「〈主観的把握〉とは何か―日本語話者における〈好まれる言い回し〉」『月刊言語』5月号、大修館書店
池上嘉彦(2006b)『英語の感覚・日本語の感覚』NHK出版
池上嘉彦(2007)『日本語と日本語論』筑摩書房
池上嘉彦・守屋三千代編著(2009)『自然な日本語を教えるために』ひつじ書房
尾上圭介(1987)「主語に「は」も「が」も使えない文について」『国語学』150
尾上圭介・木村英樹・西村義樹(1998)「二重主語とその周辺―日中英対照」『月刊言語』11月号、大修館書店
金水敏・工藤真由美・沼田善子(2000)『日本語の文法2　時・否定と取り立て』岩波書店
工藤真由美(1995)『アスペクト・テンス体系とテクスト』ひつじ書房
久野暲(1973)『日本文法研究』大修館書店
小泉保(1989)「五感の動詞」『月刊言語』11月号、大修館書店
小泉保(1993)『日本語教師のための言語学入門』大修館書店
近藤安月子(2008)『日本語学入門』研究社
近藤安月子・姫野伴子・足立さゆり・王安(2010)「中国語母語日本語学習者の事態把握―日本語主専攻学習者を対象とする調査の結果から―」『日本認知言語学会論文集10』
三枝玲子(2005)「無助詞格―その要件―」『一橋大学留学生センター紀要』第8号
阪田雪子編著(2003)『日本語運用文法』凡人社
定延利之(2006)『日本語不思議図鑑』大修館書店
澤田治美(2006)『モダリティ』開拓社
新屋映子・姫野伴子・守屋三千代(1999)『日本語教科書の落とし穴』アルク
鈴木重幸(1972)『日本語文法・形態論』むぎ書房
筒井通雄(1984)「「ハ」の省略」『月刊言語』5月号、大修館書店
寺村秀夫(1982)『日本語のシンタクスと意味I』くろしお出版
寺村秀夫(1993)『寺村秀夫論文集II』くろしお出版
中右実編(1998)『構文と事象構造』研究社出版
日本語記述文法研究会編(2008)『現代日本語文法6　複文』くろしお出版

日本語記述文法研究会編（2009a）『現代日本語文法2　格と構文・ヴォイス』くろしお出版
日本語記述文法研究会編（2009b）『現代日本語文法5　とりたて・主題』くろしお出版
丹羽哲也（1989）「無助詞格の機能―主題と格と語順―」『国語国文』第58巻第10号
野田春美（1995）「ノとコト―埋め込み節を作る代表的な形式―」宮島達夫・新田義雄編『日本語類義表現の文法（下）』くろしお出版
長谷川ユリ（1993）「話しことばにおける「無助詞」の機能」『日本語教育』第80号
本多啓（2002）「共同注意の統語論」『認知言語学論考』2号、ひつじ書房
本多啓（2005）『アフォーダンスの認知意味論』東京大学出版会
益岡隆志（2007）『日本語モダリティ探求』くろしお出版
森田良行（2006）『話者の視点がつくる日本語』ひつじ書房
山梨正明（1995）『認知文法論』ひつじ書房

【第4章　情報構造】

阿部純一・桃内佳雄・金子康朗・李光五（1994）『人間の言語情報処理　言語理解の認知科学』サイエンス社
池上嘉彦・守屋三千代編著（2009）『自然な日本語を教えるために』ひつじ書房
影山太郎（1993）『文法と語形成』ひつじ書房
影山太郎（1996）『動詞意味論―言語と認知の接点』くろしお出版
菊池康人（1983）「バカリ・ダケ」国広哲弥編『意味分析』東京大学文学部言語学教室
金水敏・工藤真由美・沼田善子（2000）『日本語の文法2　時・否定と取り立て』岩波書店
久野暲（1978）『談話の文法』大修館書店
久野暲（1983）『新日本文法研究』大修館書店
近藤安月子（2008）『日本語学入門』研究社
近藤安月子（2011）「「します」と「するんです」」、東京大学言語情報科学専攻編『言語科学の世界へ　ことばの不思議を体験する45題』pp. 2-15、東京大学出版会
定延利之（2001）「探索と現代日本語の「だけ」「しか」「ばかり」」『日本語文法』1巻1号、日本語文法学会
定延利之（2008）『煩悩の文法』筑摩書房
澤田美恵子（2007）『現代日本語における「とりたて詞」の研究』くろしお出版
中右実編（1998）『構文と事象構造』研究社出版
名嶋義直（2007）『ノダの意味・機能　関連性理論の観点から』くろしお出版

日本語記述文法研究会編（2009a）『現代日本語文法2　格と構文・ヴォイス』くろしお出版
日本語記述文法研究会編（2009b）『現代日本語文法5　とりたて・主題』くろしお出版
野田春美（1997）『「の（だ）」の機能』くろしお出版
茂木敏伸（2002）「「ばかり」文の解釈をめぐって」『日本語文法』2巻1号、日本語文法学会
森田良行（1972）「「だけ」「ばかり」の用法」『早稲田大学語学研究所紀要』10号
森田良行（2002）『日本語文法の発想』ひつじ書房
藪崎淳子（2009）「「格助詞マデ」の副助詞性について」『日本語文法』9巻2号、くろしお出版
藪崎淳子（2010）「「高程度」のマデ」『文学史研究』第50号、大阪市立大学国語国文学研究室

Grice, H. Paul (1975) Logic and Conversation. In Peter Cole and Jerry Morgan eds., *Syntax and Semantics.3*: *Speech Acts*, Academic Press, New York; 41-58
Halliday, M.A.K. & Hasan, R. (1976) *Cohesion in English*, London: Longman

【第5章　事態への態度】

足立さゆり（2003）「思考動詞と丁寧さ」『松田徳一郎教授追悼論文集』研究社
庵功雄（2009）「推量の「でしょう」に関する一考察」『日本語教育』142号、日本語教育学会
庵功雄・高梨信乃・中西久実子・山田敏弘著、白川博之監修（2001）『中上級を教える人のための日本語文法ハンドブック』スリーエーネットワーク
尾上圭介（1997）「動詞終止形と不変化動詞の叙法論的性格」（文法懇話会にて発表）、『文法と意味I』（2001）に収録、419-428、くろしお出版
神尾昭雄（2002）『続・情報のなわ張り理論』大修館書店
金水敏（1992）「談話管理理論からみた「だろう」」『神戸大学文学部紀要』19号
金水敏・工藤真由美・沼田善子（2000）『日本語の文法2　時・否定と取り立て』岩波書店
工藤真由美（1995）『アスペクト・テンス体系とテクスト』ひつじ書房
黒滝真理子（2005）『Deontic から Epistemic への普遍性と相対性』くろしお出版
近藤安月子（2008）『日本語学入門』研究社
澤田治美（1993）『視点と主観性』ひつじ書房
新屋映子・姫野伴子・守屋三千代（1999）『日本語教科書の落とし穴』アルク
高梨信乃（1999）「評価的複合表現スルホウガイイについて」『神戸商船大学紀要第

一類文科論集』48、神戸商船大学
高梨信乃 (2007)「評価のモダリティと実行のモダリティ」『神戸大学留学生センター紀要』13、神戸大学
寺村秀夫 (1984)『日本語のシンタクスと意味 II』くろしお出版
中右実 (1979)「モダリティと命題」『英語と日本語と』くろしお出版
仁田義雄 (1991)『日本語のモダリティと人称』ひつじ書房
日本語記述文法研究会編 (2003)『現代日本語文法4　モダリティ』くろしお出版
日本語記述文法研究会編 (2007)『現代日本語文法3　アスペクト・テンス・肯否』くろしお出版
本多啓 (2005)『アフォーダンスの認知意味論』東京大学出版会
前田直子 (2006)『「ように」の意味・用法』笠間書院
益岡隆志 (2002)「判断のモダリティ―現実と非現実の対立―」『日本語学』21-2、明治書院
益岡隆志 (2007)『日本語モダリティ探求』くろしお出版
宮崎和人 (1993)「「～だろう」の談話機能について」『国語学』175集、国語学会
宮崎和人・安達太郎・野田春美・高梨信乃 (2002)『新日本語文法選書4　モダリティ』くろしお出版
宮島達夫・仁田義雄編 (1995)『日本語類義表現の文法（上）』くろしお出版
森山卓郎 (1992)「文末思考動詞「思う」をめぐって」『日本語学11-8』明治書院
森山卓郎 (1997)「日本語における事態選択形式―「義務」「必要」「許可」などのムード形式の意味構造―」『国語学』188
森山卓郎 (2002)「可能性とその周辺」『日本語学』21-2、明治書院
森山卓郎・仁田義雄・工藤浩 (2000)『日本語の文法3　モダリティ』岩波書店
吉川武時編 (2003)『形式名詞がこれでわかる』ひつじ書房

【第6章　聞き手への態度】

安達太郎 (1995)「シナイカとショウとショウカ―勧誘文―」宮島達夫・仁田義雄編『日本語類義表現の文法（上）』くろしお出版
池上嘉彦・守屋三千代編著 (2009)『自然な日本語を教えるために』ひつじ書房
伊豆原英子 (1993)「終助詞「よ」「ね」「よね」の総合的考察　「よね」のコミュニケーション機能の考察を軸に」日本語日本語文化論集1号、名古屋大学留学生センター
片桐恭弘 (1997)「終助詞とイントネーション」、音声文法研究会編『文法と音声』くろしお出版
蒲谷宏・川口義一・坂本恵 (1998)『敬語表現』大修館書店
神尾昭雄 (1990)『情報の縄張り理論』大修館書店

菊池康人（1994）『敬語』角川書店
久野暲（1978）『談話の文法』大修館書店
新屋映子・姫野伴子・守屋三千代（1999）『日本語教科書の落とし穴』アルク
田窪行則（2010）『日本語の構造―推論と知識管理』くろしお出版
田窪行則・金水敏（1996）「複数の心的領域による談話管理」『認知科学』3-3 日本認知科学会、（坂原茂編（2000）『認知科学の発展』ひつじ書房所収）
寺村秀夫（1984）『日本語のシンタクスと意味Ⅱ』くろしお出版
中川裕志・小野晋（1996）「日本語の終助詞の機能」『自然言語処理』vol. 3, 2、言語処理学会
仁田義雄（1989）「現代日本語文のモダリティの体系と構造」仁田義雄・益岡隆志編『日本語のモダリティ』くろしお出版
仁田義雄（1991）『日本語のモダリティと人称』ひつじ書房
日本語記述文法研究会編（2009c）『現代日本語文法7 談話・待遇表現』くろしお出版
野田春美（2006）「擬似独話が出現するとき」益岡隆志、野田尚史、森山卓郎編『日本語文法の新地平2 文論編』くろしお出版
橋本良明（2011）『メディアと日本人』岩波書店
日高水穂（1995）「オ・ゴ〜スル類と〜イタス類と〜サセテイタダク―謙譲表現―」宮島達夫・仁田義雄編『日本語類義表現の文法（下）』くろしお出版
姫野伴子（1991）「依頼と勧誘―受益者表現の日英対照を中心に」、『世界の日本語教育』第1号、国際交流基金
姫野伴子（1998）「勧誘表現の位置―「しよう」「しようか」「しないか」―」、『日本語教育』96号、日本語教育学会
姫野伴子（2004）「『させていただく』と『お〜する』―受益者の観点から―」、『日本語言文化論集』第5集、北京大学日本文化研究所・北京大学日本語言文化系編、學苑出版社
文化審議会答申（2007）「敬語の指針」
　http://www.bunka.go.jp/kokugo_nihongo/bunkasingi/pdf/keigo_tousin.pdf.
益岡隆志（2009）「日本語の尊敬構文と内・外の視点」、坪本篤朗他編『「内」と「外」の言語学』開拓社
南不二男（1974）『現代日本語の構造』大修館書店
南不二男（1993）『現代日本語文法の輪郭』大修館書店
宮崎和人・安達太郎・野田春美・高梨信乃（2002）『新日本語文法選書4 モダリティ』くろしお出版
山田敏弘（2004）『日本語のベネファクティブ』明治書院

Grice, H. Paul (1975) Logic and Conversation. In Peter Cole and Jerry Morgan eds., *Syntax and Semantics3*: *Speech Acts*, Academic Press, New York; 41-58

Leech, Geoffrey, N. (1983) *Principles of Pragmatics*, Longman, London (池上嘉彦・河上誓作訳 (1987)『語用論』紀伊國屋書店)

【執筆担当課一覧】
◎は編著者

◎近藤安月子
第1課、第14課、第15課、第16課、第20課、第21課、第23課、第24課、第25課、第26課、第27課、第33課、第34課、第35課、第43課

◎姫野伴子
第2課、第7課、第8課、第9課、第10課、第11課、第12課、第31課、第32課、第36課、第37課、第38課、第39課、第41課、第42課

足立さゆり
第5課、第6課、第13課、第17課、第18課、第19課、第22課、第28課、第29課、第30課

吉田一彦
第3課、第4課、第40課

索 引

【あ行】

アスペクト　62, 67, 68, 72, 122
意志　58, 62, 63, 65, 70, 75, 83, 91, 93, 94, 155, 157, 161, 167–169, 177–181, 187, 197–202
移動　34–46, 48–51, 54–56, 58, 111, 112
イマ・ココ　3, 51, 52, 75, 76, 80, 86, 88, 100–103, 126–129, 131–133, 139, 150, 154, 167, 169, 174, 175, 205, 219, 221
ヴォイス　53, 57, 59, 83
受け身　28, 47, 57, 61, 78, 79, 81, 82, 88, 95
エコロジカル・セルフ　42
恩恵性　36, 45, 56, 57, 59, 61, 192, 212

【か行】

格枠組み　137, 138
可能　10, 83–85, 87, 88, 91, 147–151, 156
感覚・感情　7–10
間接発話行為　186
関連づけ　125, 127–135
客体化　5
客観的把握　3–5, 42, 56
旧情報　2, 4, 128
境界　69–71
協調の原理　126–128, 221
共同注意　14, 15, 19, 99–101, 126–129, 132, 220–223
結束性　135, 137
限界　29–31, 63–66, 110–114, 138
現象文　10

【さ行】

参照点　50, 51, 55, 67, 68, 74–76
自己投入　6
自己分裂　5, 6
指示　12, 17, 40, 99–102, 106, 135, 207
事態　3–6, 8–10, 26, 27, 34, 37, 40, 42, 50–54, 57, 58, 62, 67–71, 73, 74, 78–80, 84–86, 90, 93–96, 99, 103–107, 110, 112, 113, 119, 122, 124, 131, 138, 139, 142, 143, 148–150, 153, 156, 158–165, 169, 175, 177, 180, 181, 197, 205, 221–223
事態把握　3, 4, 10, 35, 71, 76, 80, 82, 93, 174
自発　10, 88
主観的把握　4, 5, 6, 8, 10, 11, 34, 37, 39, 41, 42, 80, 205
授受　53–57, 60, 61, 184–187, 189, 191, 192
主題　2, 4, 8, 98, 99, 205, 206
照応　18, 19
焦点　19, 64, 65, 67, 103, 106, 116, 126, 128, 136, 137, 139
情報の既知・未知　2
情報の縄張り　7, 144, 220
省略　2–4, 8, 9, 98, 135–139, 174, 193, 205
新情報　2, 99, 126, 219
心理述語　90, 152
整合性　127
ゼロ化　8, 9, 11, 78, 205, 206

宣言的知識　16
前提　136, 137

【た行】
ダイクシス　35, 51
体験者　6, 9, 41, 42, 49, 78, 80, 89, 152
対比　98, 100, 101, 205
題目構造　2
卓立　132
探索　41, 42, 122–124, 222
知覚者　10, 42, 49, 50, 90
直示　35, 36
提題　2
手続き的意味　16, 102, 127
手続き的知識　16
添加　112, 113, 115
テンス　142, 215
独話的　7
とりたて助詞　112, 113, 115, 117, 119

【な行】
内言　7

【は行】
排他　98, 100, 101, 115, 117–119, 123, 139
発話意図　30
発話行為　184–186, 190

発話の力　186, 187, 197, 203
場面指示　12–14, 17–19, 99, 101
非対格動詞　138
必須補語　24, 30
復元　3, 136
プロミネンス　132, 137
文法化　130, 133, 134, 157, 166, 173
文末形式　72, 117, 118, 130, 152, 157, 160, 184
文脈指示　12, 17–19, 101, 102
変化　48–52, 68, 69, 72, 73, 86, 94, 96, 122, 172, 175, 181
方向性　34, 43–47, 53–56, 58, 59, 112

【ま行】
見え　4, 5, 34, 38, 40–42, 49, 51, 99–102, 126–129, 131–133, 173–176, 205
モダリティ　130, 142, 143, 147, 152, 155, 157, 162, 172, 173, 184, 187, 192, 206, 215, 219

【や行】
有題文　2, 4

【ら行】
略題　2

執筆者紹介

■ 近藤安月子（こんどう・あつこ）
東京大学大学院総合文化研究科教授。Ph.D.（言語学）。
専門分野：言語学、日本語学、日本語教育。
著書：『日本語学入門』（研究社、2008年）、『自然な日本語を教えるために 認知言語学をふまえて』（池上嘉彦・守屋三千代編著、ひつじ書房、共著、2009年）等。

■ 姫野伴子（ひめの・ともこ）
明治大学国際日本学部教授。文学修士。
専門分野：日本語学、日本語教育。
著書：『日本語教科書の落とし穴』（アルク、共著、1999年）、『自然な日本語を教えるために　認知言語学をふまえて』（池上嘉彦・守屋三千代編著、ひつじ書房、共著、2009年）等。

■ 足立さゆり（あだち・さゆり）
白百合女子大学文学部教授。修士（日本語学）。
専門分野：日本語学、日本語教育。
著書：『文学と音楽』（久保田淳編　教友社、共著　2005年）等。

■ 吉田　一彦（よしだ・かずひこ）
宇都宮大学留学生センター教授。博士（言語学）。
専門分野：一般言語学、対照言語学、言語哲学、教育学。

日本語文法の論点 43
──「日本語らしさ」のナゾが氷解する──

● 2012 年 3 月 1 日　初版発行 ●

●編著者●
近藤 安月子 ＋ 姫野 伴子

© Kondoh Atsuko + Himeno Tomoko, 2012

発行者　●　関戸　雅男
発行所　●　株式会社　研究社
〒 102-8152　東京都千代田区富士見 2-11-3
電話　営業 03-3288-7777（代）　編集 03-3288-7711（代）
振替　00150-9-26710
http://www.kenkyusha.co.jp/

表紙デザイン　●　寺澤　彰二
本文レイアウト　●　mute beat
印刷所　●　研究社印刷株式会社

ISBN978-4-327-38462-3　C1081　Printed in Japan

価格はカバーに表示してあります。
本書の無断複写（コピー）は著作権法上での例外を除き、禁じられています。
落丁本、乱丁本はお取り替え致します。
ただし、古書店で購入したものについてはお取り替えできません。